塞北三朝

西夏

袁騰飛◎著

講述你所不知道的党項

目錄

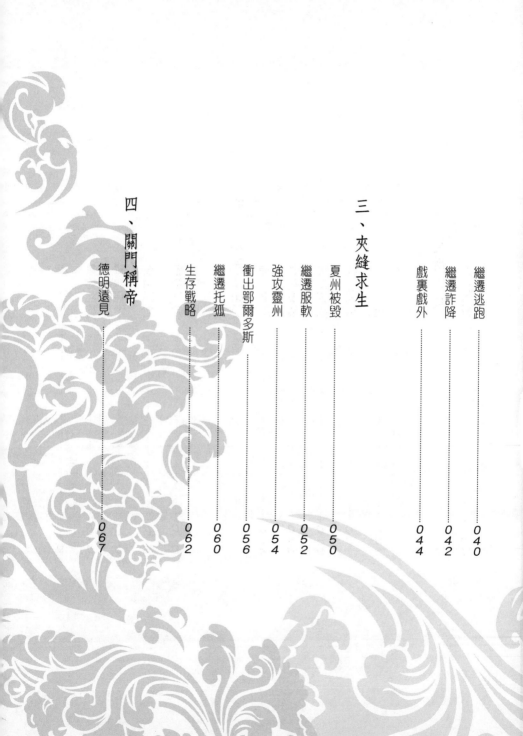

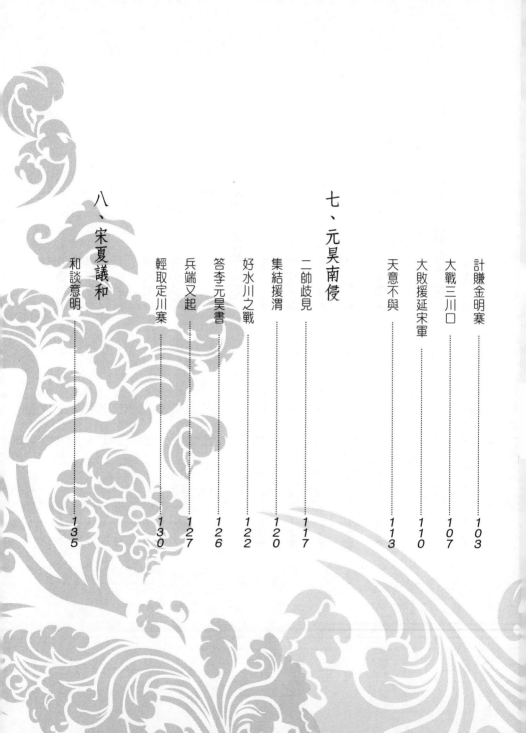

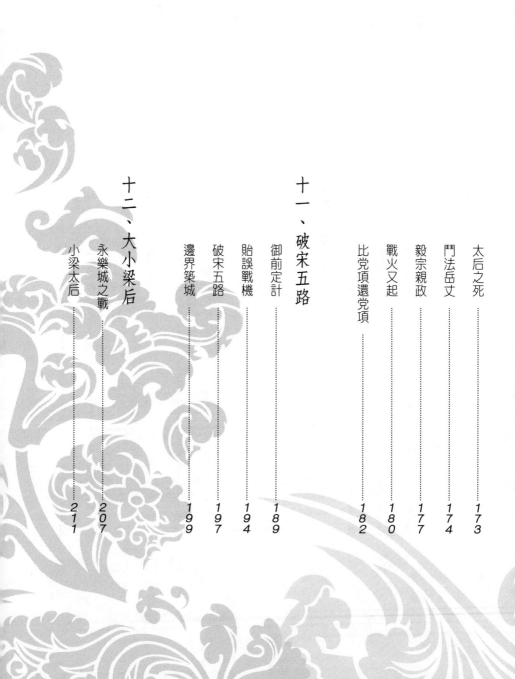

十五、西夏滅亡

《塞北三朝》總序

錢文忠

騰飛是我的同行，更是我的好友。四年前，承騰飛不棄，命我為他在中央電視臺《百家講壇》節目上播出的作品《兩宋風雲》作序，我曾經寫下了這樣一段話：

我對騰飛兄佩服而且感激。為什麼佩服？同為教師，我們都知道「知之者不如好之者，好之者不如樂之者」（《論語・雍也》）乃是走向學問人生的最有效、最理想的途徑；而引導學生由「樂」入「好」，由「好」入「知」，更是普天下所有負責任的真正的教師都應該追求的教學的至高境界。「快樂學習」絕對不是靠大力提倡就可以做到的，我們需要對教與學的關係進行認真的思考，在教學過程中全身心地投入，在課內課外不懈地探索，尋求接近最有效的講授技巧，以期臻於教學圓融之境。畢竟，把學生講厭了，把學生講睡了，把學生講跑了，無論對教，還是對學，都是一種可悲的失敗，都是對生命的浪費。騰飛兄正是一位真正的教師，他具備使學生「快樂學習」的能力，也因此擁有了自己的獨特魅力。同樣是教師，騰飛兄身上就有很多值得我學習的地方。就我所知，也正因為如此，騰飛兄才進入了《百家講壇》的視野，得以在《百家講壇》上展示自己的風采。

為什麼感激？我畢業於北京大學東方語言文學系梵文巴利文專業，又濫竽大學歷史學系古代思想史教研室教席多年，一直在當今中國乃至世界的時代潮流的邊緣地帶學習、工作和生活。我深切地知道，以文、史、哲為主幹的傳統人文學科是多麼的冷清寂寞，基本不是青年學子們的第一選擇。近幾年來，隨著傳統文化熱的興起，這方面的情況逐漸有所改觀。如此的變化是非常可喜的，《百家講壇》居功甚偉。我遇見過好幾位學生，就是因為聽了《百家講壇》而決定了學科專業的。然而，隨著文化軟實力建設的迫切性以及傳統文化資源的重要性日益得到體認，傳統人文學科比以往任何時候都更迫切地呼喚著由「樂」入「好」、由「好」入「知」的莘莘學子。假如沒有像騰飛兄這樣優秀的中學教師，再迫切的呼喚也只能是徒勞無奈的空谷回音罷了。騰飛兄和我，都無非只是文化學術的薪火傳承鏈上微不足道的環節而已，只不過按照現行的教育序列，我的崗位位置確實處於中學教育的下游。那麼，我又怎麼能夠不對源頭活水的上游表示由衷的感激呢？

時隔四年後的今天，我依然要堅持我對騰飛的佩服和感激。騰飛的講座不再在央視《百家講壇》節目播出了，據我所知，這既不是騰飛的選擇，也並非《百家講壇》的放棄，而是由於種種不足道，也不必道的原因。對於騰飛這樣的教師來說，離開《百家講壇》這樣的課堂，實在是一種無奈和缺憾。究竟發生了什麼？騰飛從來沒有向我說過一句，我也沒有問過一句。但是，我清楚地知道，騰飛遭遇了很多不公正以及誤解，甚至是謾罵與攻擊。不過，騰飛的臉上一如既往地洋溢著微笑，彰顯著內心的充足、淡定和堅強。沒有什麼能夠阻擋他實現「教好歷史」「講好故事」的理想。聽過他講課的人越來越多，喜歡他的人越來越多，受惠於他的人越來越多。而這，又怎麼能夠不讓我佩服他呢？

在這四年的時間裏，中國的媒體生態發生了顯著的變化，網路的影響力日益壯大。有些人甚至擔心，在不遠的，或者乾脆就在很近的將來，網路將取代電視。是耶非耶，不必深究。然而，毫無疑問，網路已經是傳播信息、傳播文化、傳播知識的最快捷和最有效的平臺了。騰飛暫別電視，卻邂逅了網路，是否「無心插柳」姑且不論，但是，《塞北三朝》在優酷視頻上驚人的受歡迎程度，正是「柳成蔭」的明證了。我為騰飛這樣的好教師找到了網路這樣的好課堂而高興，也為網路這樣的好課堂找到了騰飛這樣的好教師而高興。在網路上成系列地傳授歷史知識，騰飛是先行者、開拓者，與我的另一位好友高曉松先生堪稱瑜亮雙璧。網路傳播絕不是電視傳播的簡單複製，非親身經歷者是難以體味個中甘苦的。騰飛的《塞北三朝》正是拓展傳播途徑、擴大聽眾人群的探索和創新。而這，又怎麼能夠不讓我感激他呢？

同時也令我欣喜萬分的是，默默站在走向歷史教學新旅程的騰飛背後的，又是我和騰飛當年登上《百家講壇》的伯樂王詠琴女士，以及同樣也是我的好友的李志峰兄。這真是具足殊勝的好因緣，不由得讓我生發出追隨騰飛、王詠琴女士和李志峰兄的願望了。

二〇一三年六月二十九日

一

党項興起

在中國的大西北曾經有一個和遼、金並存的神祕王朝——党項族建立的西夏。
其統治時間長達三百多年，
全盛時期疆域「東盡黃河，西界玉門，南接蕭關，北控大漠，地方萬餘里」。
但在「二十四史」中，卻沒有把西夏當作一個正統王朝來記載，
這是為什麼呢？
党項族究竟是一個什麼樣的民族？
他們又是如何建立起稱霸西北的西夏王朝的呢？

中國人寫歷史有一個非常重要的原則，就是強調正朔，即最注重誰是正統。歷史正統源於學術道統，道統觀念始於孟子。發展至太史公司馬遷，學術道統與歷史正統合流，並不絕於今。中國從唐朝開始形成一個傳統，當朝要給前朝修史，表示我繼承你的正統，並吸取前朝治亂興衰的教訓。元朝完成中國統一之後，編修了《遼史》、《金史》、《宋史》，也就是說，遼、金、宋在元朝人眼裏是中國的正統王朝。但跟遼、金、宋並立過的西夏，不見正史記載。「二十四史」裏沒有《西夏史》，西夏的歷史是在《遼史》、《金史》、《宋史》裏記載的，屬於列傳裏面的「外國傳」。雖然西夏並沒有被承認是一個正統王朝，但是它的影響很大，存在的時間也很長。如果從唐朝末年始祖拓跋思恭建立藩鎮算起，到被蒙古鐵騎滅亡，長達三百五十年之久；即便是從元昊建國稱帝算起也有一百九十年，而兩宋一共三百二十年、遼二百一十年、金一百二十年。現代學者經過研究認為，西夏政權滅亡之後，在四川有一個土司政權，叫西吳甲爾布，可能是西夏皇族後裔建立的政權，一直存在到清康熙年間。這麼一算，中國歷史上大概沒有一個政權能夠存在如此長的時間，從唐朝一直到清朝。因此，西夏在中國歷史上的地位是不言而喻的，特別是對於中國西北地方政治、經濟、文化的開發和發展，做出過相當大的貢獻。

問祖求源

西夏王朝全盛時期，疆域兩萬多里，東盡黄河，北控大漠，是塞北三朝中一個很重要的政權。那麼，建立西夏的党項族，又是一個什麼樣的民族？他們究竟起源於哪裏呢？

西夏政權是由党項族建立的，党項族今天已經不存在了。他們的源頭是哪裏？有兩種說法，一種認為他們是羌族的一支，另一種認為是鮮卑人的一支。現在的史學家們仍爭論不休，因為當時就搞不明白。《遼史》和《金史》是一種說法，《隋書》、《舊唐書》和《宋史》是另一種說法。後者認為党項族是鮮卑人一支的緣於建立西夏政權的是党項族拓跋氏，而歷史上鮮卑族有幾個大部——拓跋部、宇文部、慕容部，其中拓跋部曾經建立了北魏。你拓跋，我拓跋，一筆寫不出倆拓跋，五百年前是一家，所以認為党項族有可能是鮮卑人的後代。可是看他們最早居住的地域，又不是鮮卑族的起源地。党項族起源於今天的青藏高原，黄河源頭。史籍記載：「党項羌者，三苗之後也。其種有宕昌、白狼，皆自稱獼猴種。」（《隋書・西域傳・党項》）認為他們是羌人的後代。西晉的時候，羌人被中原王朝打敗，「或臣中國，或竄山野」（《舊唐書・西戎傳・党項羌》）。西晉王朝滅亡後，邊疆五族匈奴、鮮卑、羯、氐、羌內遷，在中國北方建立十五個割據政權，南方還有一個，總稱十六國，與東晉對峙，所以也有人認為党項是羌人的後代。

党項崛起之後，特別是建國之後，就自稱是鮮卑後代了。党項大臣出使中原的時候說：「夏之立國舊矣，其臣羅世昌譜敘世次稱，元魏衰微，居松州者因以舊姓為托跋氏。」（《金史．西夏傳》）北魏皇族就是拓跋氏，後來孝文帝改為元姓，所以北魏又叫後魏、元魏。党項人說，我們本來是元魏皇族，因為元魏衰微，我們才遷到現在這個地方。現在比較公認的說法是，從党項人的風俗習慣、語言文字、早期宗教信仰等方面看，他們應該是羌族的一支，自稱北魏拓跋氏，很有可能是抬高自己的身分，表示我也出身名門。

交好於唐

儘管党項是起源於鮮卑族還是羌族尚無定論，但早期的党項族並不強大這一點卻從無異議。根據史書記載，党項族的崛起是在唐朝初期。那麼，党項族究竟是怎樣逐漸強大起來的？又是誰帶領党項族正式走上了歷史舞臺？

党項人崛起之初，分成很多小部落，比如拓跋部、細封部、野利部，這些部落並不是一個整體，只有一種共同的原始宗教信仰維繫。史籍記載，他們「三年一聚會，殺牛羊以祭天」（《隋書．西域傳．党項》）。部落之間只有這樣的來往。

党項人最早生養集聚之地相鄰兩個強大的少數民族政權，北方是吐谷渾，南邊是吐蕃。

大唐王朝崛起於東土後，開始對吐谷渾用兵。党項看到唐王朝勢力雄厚，就有很多小部落歸降了唐朝。唐軍要消滅吐谷渾是志在必得，當年隋煬帝沒打下來，這次一代聖主唐太宗派手下第一名將李靖為行軍都總管，率幾十萬大軍兵分六路，誓要滅掉吐谷渾。党項人原來是歸附吐谷渾的，現在大都降了大唐，為唐軍帶路，所以唐軍進展順利。

唐軍行至狼道坡，這個地方在今天的甘肅，前邊有探馬來報，党項大首領拓跋赤辭率數萬人馬攔住去路。領軍唐將問拓跋赤辭有沒有進攻行動，探馬回報說沒有，說他只是採取了守勢。但是狼道坡地勢奇險，拓跋赤辭把樹砍倒，把山上的石塊推下來擋著路，唐軍無論如何是過不去的，如果要強攻，肯定損失慘重。唐將想起出發前，皇上交代對党項要羈縻懷柔，要聯絡党項，孤立吐谷渾，不要開罪於党項。於是，他就派使者去見拓跋赤辭，想勸拓跋赤辭投降。

但用人不當，所派使臣心高氣傲，我是堂堂天朝來使，天朝幾十萬大軍圍攻吐谷渾，你一個地方豪酋，領這麼十幾個人、七八條槍，擋住大軍去路，你這不是找死嗎？唐使如此傲慢無禮，就把拓跋赤辭給激怒了。拓跋赤辭拔出腰刀砍在桌上說，我跟吐谷渾什麼關係你知道嗎？我是吐谷渾老王的女婿，他是我岳父，我們就是腹與心的關係。吐谷渾國主對我有恩，你讓我背叛他歸降？沒門兒！你趕緊滾回去吧，否則我要一發怒就宰了你。我刀下不死無名之鬼，你這樣的小嘍囉、小角色不配我殺，換個大的來！

唐使嚇了一大跳，趕緊回營，見到自己的統帥添油加醋地說了一番，拓跋赤辭多麼無理，藐視我們大唐。唐將一聽，火氣就被激上來了，好你個賊酋王，不識好歹，我好言相勸你不聽，讓你看看大軍的厲害。天兵一到，雞犬不留。這員唐將十分聰明，知道強攻不行，所以想找個當地人，看看有沒有小路，好繞到拓跋赤辭背後去，最好能偷襲他的老營所在。當地人哪見過這麼多黃澄澄的金子、白花花的銀子，勞務費一收，不但告訴說有這樣一條路，而且還親自帶道。拓跋赤辭嚴陣以待，沒想到唐軍從後面上來給了他一下子，殺了他三千多人，主要是家屬，老弱婦孺，牛羊被唐軍繳獲了六萬多頭。唐軍本來斷糧了，這下有吃的了，改善生活後士氣高昂。

拓跋赤辭也看到了唐軍不是好惹的，看來我岳父這回徹底完了。李靖大帥還沒出面，光他手下一個將領、六路大軍當中的一路，就把我打成這個樣子，我再抵抗下去還有沒有意義？我為吐谷渾殉葬，值不值得？我再認個岳父不是更好嗎？拓跋赤辭心裏就開始嘀咕。唐朝將領打了大勝仗，表奏天子：拓跋赤辭這個賊酋，擋住天兵去路，微臣狠狠給了他一下，打贏了。

歃血為盟

這個唐朝將領向朝廷報捷，本以為會得到唐太宗的表彰封賞，但是出人意料的是，唐太宗卻下了一道詔書給李靖的六路大軍，告誡他們不要隨便出兵攻打党項。這是為什麼呢？

太宗皇帝真是不負一代聖主之名（除了逼父殺兄害弟之外），既沒有表揚，也沒有批評。下了一道詔書給六路大軍，在這道詔書裏，太宗皇帝言辭懇切地告誡諸將，我們的任務不是打敗党項，而是要收服党項。吐谷渾佔的這個地方，從商周時代開始，就是中原王朝心腹之患，所以我們要一勞永逸地解決這個問題。怎麼解決？靠武力是不行的，征服人心是最關鍵的。我不看你的戰功，你要讓他心悅誠服歸降大唐，我更高興。

諸將領到了皇命，心裏就咯噔一下，原來皇上並不看重我們的戰功，那怎麼辦呢？李靖這回親自出面了，李靖在唐朝爵封衛國公、六路大軍的行軍都總管，相當於軍隊的總司令。李靖派使臣去約見拓跋赤辭，說我們李大帥想見您一面，跟您會盟，地點由您挑。我讓你到我軍營裏來，你肯定不敢來，所以地點你挑。拓跋赤辭就指定了一個離他老營很近的地方會盟。

李靖大帥帶著幾十名騎兵就來了，毫無戒備。拓跋赤辭大受感動，人家大唐的國公，多大的幹部，我就一個小酋長，號稱擁有數萬騎兵，那是連八歲的都算上了。你看人家李大帥，當年以三千鐵騎大破突厥於陰山，擒東突厥頡利可汗，這樣的名將，竟然這麼看重我。雙方見面之後，李靖說，上一場仗是誤會，但是反過來說，我們不是招降你了嗎？你為何攔我的路啊？現在皇上下了聖旨，好言勸慰，希望你識時務，能歸降大唐，把道路讓出來，並且給我們提供糧食、飲水和牛羊，以後你就是我們大唐的一份子了，咱這事就抹平了。李靖話裏話外的意思也是告訴拓跋赤辭，我們大唐跟吐谷渾誰腿粗，這都不用想，吐谷渾滅亡在即，別把你一勺燴了。

拓跋赤辭沉吟半晌，跟李靖說，您說得都對，我也不能不識抬舉。但是我有一個條件，咱先得歃血為盟，我才能給你讓道，給你輜糧，否則的話，我不能相信你。當年隋煬帝伐吐谷渾的時候，跟我們也說得好著呢，我打吐谷渾，沒你們党項什麼事，結果隋兵一過來，卻連我們一塊兒打。你們中原人太狡猾，說了不算，我們党項人沒你們那麼多心思。你給我整張紙，簽個名，號稱叫盟約，對不起，俺不認得字，你別拿這糊弄我，誰知道你簽的是啥？我們就相信跪地上喝血酒，歃血為盟，你幹不幹？李靖說沒問題，馬上舉行儀式！雙方會盟後，拓跋赤辭把路讓開了，但是他並沒有給李靖提供軍糧、嚮導，還是不相信唐軍。

唐朝六路大軍圍攻吐谷渾取得了決定性的勝利，但其中有一路沒有建功，班師途中經過拓跋赤辭的部落。統帥一想，我打吐谷渾沒立功，我收拾他試試，他這兒有牛羊、有人丁，衣冠髮型都跟吐谷渾差不多，我逮個一千兩千的，回到長安一獻俘，這功勞不就大了嗎？所以他突然出兵，打了拓跋赤辭一個措手不及，人口、牲畜損失慘重。拓跋赤辭僥倖逃跑，一怒之下就反了。你唐朝言而無信，都歃血為盟了還發兵打我！這員唐將向朝廷報捷後，朝廷一調查，時間對不上啊。李大帥已經把吐谷渾都消滅了，你怎麼又多出這麼多戰俘和牛羊來？原來打的是我們的盟友拓跋赤辭，他都已經歸降了，你還打他？皇上再三告誡，聯絡党項，孤立吐谷渾，李大帥為此不惜親入敵營險地與人歃血為盟，好不容易把這個人收服，你竟敢這麼幹？朝廷立即下旨把這員軍將處斬，諸將趕緊求情，說他是聰明一世，糊塗一時，看在他以往戰功的分上饒了他吧。那好，革職流放，永不敘用。

拓跋赤辭看到朝廷的這番誠意，再次進入內地，對朝廷明志，我永遠不反叛了。太宗皇帝非常高興，從今天開始，你別姓拓跋了，賜你國姓，改姓李，封你為郡公。於是拓跋赤辭這一支党項人就成為了大唐的一份子。党項拓跋部後來改姓李，最早可以追溯到這個時候。

平夏生根

唐太宗賜党項的拓跋部姓李，封拓跋赤辭為平西公，從此党項族正式登上了歷史舞臺。可是隨著吐谷渾的滅亡，吐蕃帝國逐漸強大了起來，時常攻打党項，不斷侵佔党項的土地。那麼，党項會如何應對強悍的吐蕃帝國呢？

吐蕃帝國要向北擴張，威脅到了党項人的生存，於是党項人上表大唐朝廷，請求進入內地。吐蕃人老欺負我，我受不了，您能不能給我們換個地方啊？我能不能進入大唐的內地？朝廷恩准了，党項人就開始內遷，主要遷到兩個地方：一個是松州，在今天四川松潘；還有一個是慶州，今甘肅慶陽。但是甘肅、四川也地近吐蕃，吐蕃軍隊曾攻陷過成都。於是，党項人在唐王朝勢力大的時候，就倒向唐王朝；吐蕃勢力一大，他就歸順吐蕃。現在有一句話叫「羌在漢藏之間」，党項是典型的漢強歸漢，藏強歸藏，吐蕃軍隊中經常能看到党項士兵的身影。安史之亂以後，唐朝國力衰微，吐蕃、回紇、突厥、党項經常聯兵騷擾唐境。平定安史之亂的大英雄郭子儀建議朝廷，党項人還得遷，不能讓他們挨著吐蕃，不然容易作亂。讓他們遷到陝北，就是今天的鄂爾多斯高原，遠離吐蕃，可以避免他們聯合作亂。這樣，党項民族就開始了第二次大遷徙。第一次是他們主動的，是因為害怕吐蕃，從青海遷到了四川和甘肅；第二次就不是主動的了，是朝廷命令他們的，遷到了鄂爾多斯高原。

党項人遷過去之後，逐漸形成了兩大部落：一部叫平夏部，日後建立西夏的党項人就屬於這一部，以夏州（今陝西橫山）為中心；還有一部因為住在六盤山以東，所以叫東山部。党項人以平夏這個地方為核心，繁衍生息下來。

兵敗黃巢軍

党項人第二次內遷之後，過起了安居樂業的日子。但是好景不長，唐朝末年唐僖宗荒廢朝政，結果鬧得民不聊生，天下大亂。党項平夏部的領袖拓跋思恭，不失時機地利用了當時混亂的時局，從中看到了進一步發展自己勢力的絕好機會……

唐朝末年，僖宗在位的時候，爆發了黃巢之亂。黃巢軍轉戰大半個中國，攻入長安，僖宗皇帝倉皇逃往蜀地，發布詔書，要求各地節度使起兵勤王。拓跋思恭接到上級的命令，以他當時的政治地位和實力可能都沒有資格接皇帝的詔書，應該是別的節度使轉達給他的命令，皇上讓咱起兵平叛，你也派部隊來吧。

拓跋思恭接到命令，立即帶了兩萬名騎兵準備收復長安，跟幾個節度使會師後，共有五萬大軍。皇帝對此非常高興，鑒於拓跋思恭原本是附屬，不是朝廷正式的節度使，現在國家有難，義存邦國，萬里絕域，救大唐於水火之中，於是馬上給拓跋思恭加官晉級。拓跋思恭就更來勁了，兩萬名騎兵直抵長安城下，與黃巢大軍開戰。他派自己的弟弟拓跋思忠做先鋒，跟黃巢所部隔渭水對峙。

黃巢軍當時的主帥就是後來滅掉唐朝的朱溫，乃是黃巢手下的第一大將。他出身貧寒，武藝高強，特別會打仗。古代軍隊最小的單位是隊，一隊上去打，如果隊長戰死了，所剩的人退下來，那麼殺全隊；如果一隊大部分士兵陣亡，隊長回來了，殺隊長。總之除非戰鬥結束，勝利而歸，否則誰也甭想回來，上戰場就給我玩命，有進無退，同生共死，殺敗了敵人，載譽而歸，大家升官受賞。戰鬥進行之中，只要是有人逃回來，必死無疑，不死於陣前就死於軍法。朱溫用這一招脅迫兵士以保持自己的戰鬥力，所以黃巢非常倚重他。兩軍隔渭水對峙，拓跋思忠率千餘精騎挑戰。

思忠武藝高強，拉弓搭箭，一箭就射中了渭水河橋上的鐵鶴。朱溫大吃一驚，這傢伙真厲害，一箭居然能射進鐵鶴裏去！這要射我不就穿了嗎？當避其鋒芒，以謀取之，所以一揮令旗，一邊有步驟地退兵，一邊埋下伏兵。拓跋思忠一看朱溫退了，認為黃巢軍不過如此，一時輕敵，率領一千多騎兵就衝過去了。一時伏兵四起，拓跋思忠以下一千餘人全部戰死，無一生還。朱溫適時揮軍反攻，拓跋思恭大敗。拓跋思恭一想，我本來是兩姓旁人，犯得著為他李唐王朝賣命嗎，還是回我平夏老家吧。

受封定難軍

拓跋思恭敗回了平夏老家，不久唐僖宗又下詔書，命拓跋思恭再次出兵勤王，討伐黃巢起義軍。然而拓跋思恭上次被黃巢軍打得大敗，至今仍心有餘悸，但如果不出兵，就是抗旨不遵，等於背叛了唐朝。那麼，拓跋思恭最終會不會出兵呢？

拓跋思恭思之再三，我拓跋部世受唐室厚恩，如果我們不遷到這個地方，早就被吐蕃人吞併了，我們這個民族就不存在了，也許早變成吐蕃的奴隸了。現在我能在這兒割據稱王，吆五喝六的，應當感念唐室大恩。既然皇上這麼看重我，一再催促我出兵，就再幹一票吧。於是，他又率八千人馬出征。這時候，各地藩鎮皆起勤王之師，兵馬很多，將長安城團團圍住。

黃巢軍打仗，本來就是流動作戰，不守一城一地，轉戰整個中國，從山東打到廣州，然後從湖南、湖北一路殺過來的。黃巢一看官軍勢大，那我軍乾脆暫退，長安城不要了，於是就率軍撤退了。拓跋思恭撿了一個大便宜，一馬當先衝進了長安城，然後表奏朝廷，微臣拓跋思恭收復長安！僖宗皇帝在蜀地不明真相，一聽長安收復了，列祖列宗在天有靈，我終於可以回到國都，對得起祖宗了。皇上馬上下旨，賜拓跋思恭姓李。你說以前好像賜過一回，不管那個，朕再賜一回，拓跋赤辭是你直系祖先嗎？卿救國家於危難之中，平難有功，所部賜名定難軍。你所居住的陝北夏州歸你了，卿家世守此地。拓跋思恭，現在應該叫李思恭了，受封定難軍節度使，成了朝廷正式的藩鎮，封為公爵，後來累功加同中書門下平章事，相當於宰相。

從此，党項拓跋部由一個邊地的小部落登上了大唐的政治舞臺，成了大唐一顆耀眼的政治新星。拓跋思恭在西元八九五年病逝，兒子比他死得早，孫子還小，就讓自己的弟弟李思諫繼續擔任定難軍節度使。西元九〇七年，唐朝滅亡。

成長於亂世

唐朝滅亡之後，中原地區戰禍不斷，地方割據政權逐鹿中原，短短五十多年間，後梁、後唐、後晉、後漢、後周，相繼出現又消失。面對如此複雜的政治局面，党項的新首領會怎麼辦呢？党項族在這樣的亂世中，為什麼還能逐步壯大呢？

後梁建立，代替了唐朝，李思諫馬上向後梁稱臣。沒想到，中原王朝「城頭變幻大王旗」的速度太快了，梁、唐、晉、漢、周，五十多年換了五個朝代。平夏部首領以不變應萬變，來的都是爺，換誰都是我的主子。

後唐滅了後梁，當時李思諫已死，繼任的是李仁福，馬上歸降後唐，上表稱臣。後唐為了羈縻平夏部，封平夏部首領為朔方王，正式享有王爵。中國古代的王爵，一般來講，一字王是親王，兩字王是郡王，朔方王相當於郡王。李仁福死後，繼任者叫李彝超。本來李彝超繼承了李仁福的政策，已經歸降後唐，與後唐的關係很好。但是當時後唐在位的皇帝，是五代時少有的傑出君主，後唐明宗，前面講遼史的時候提過這個人。他雄才大略，部下戰鬥力很強。後唐明宗繼位之後，想拔掉夏州這顆釘子，不允許有這樣一個表面歸順，實則兩面三刀的政權存在，因此就出兵去攻打平夏部。

沒想到，想拔釘子，卻被這顆釘子狠狠地刺了一下，而這一下，改變了拓跋部落跟中原王朝的關係。這到底是怎麼回事？

二
固守西北

唐朝滅亡之後，
中國歷史進入混亂的五代十國時期，
党項族就在這樣的亂世中繼續發展。
但是，後唐明宗卻一心想要吞滅党項，
於是命數萬大軍北上攻打夏州。
那麼，党項能抵擋得住來勢洶洶的後唐大軍嗎？

後唐政權建立之後，定難軍節度使李彝超上表朝廷，請求冊封。後唐明宗大喜，認為這是一個很好的削藩機會，因為他特別擔心夏州陰結契丹，圖謀中原。

夏州城是十六國時期大夏天王赫連勃勃所建。赫連勃勃是匈奴人，十六國時期在此地建立大夏國，建國之後，與建都城，命名為統萬城，就是後來的夏州，遺址今天尚在。當年築城的時候，是用河底的白沙，混上石灰、生水築起來的。此城堅固到什麼程度呢？赫連勃勃大王築城的同時，還打造兵器，鑄鐵劍、鋼刀，工程驗收時用刀捅城牆，如果捅進去了，就把築城的人殺死，屍體築進城牆裏；如果沒捅進去，鑄刀的人就立刻處死。所以統萬城是在累累白骨之上建造起來的，真個是億載金城，固若金湯。因為築城的原料是河底的泥沙加白石灰，陽光一照，通體雪白，老百姓就叫它白城子。

平夏部居於夏州，此地的地理位置如此重要，城池又這麼堅固，始終是中原王朝的心腹大患。現在李彝超上表請求冊封，後唐明宗說，沒問題！但是，朕不能封你為夏州節度使，而是封為延州節度使，跟原來的延州節度使安從進對調，你離開夏州老家，去延州上任，安從進去夏州上任。

李彝超接到聖旨一看就明白了，朝廷這是調虎離山啊，我只要離開祖宗世代經營的這個地方，就是虎落平陽被犬欺，絕對不能從命。皇上知道李彝超不會輕易就範，所以命安從進率數萬大軍北上，在武裝護送下準備強行接收夏州。李彝超趕緊給皇帝上表，說微臣很願意去延州上任，但是得做一些安撫工作，收拾收拾行李，跟父老們告別一下，而且城中的百姓都不願意我走，我得帶著他們一塊兒走。皇帝的詔書一開始跟他講，你很顧全大局，非常好，你是朝廷的忠臣，朝廷知道你的忠心。但詔書最後兩句說：「從命者秋毫無犯，違命者全族必誅。」（《西夏書事》卷二）皇上告訴他，識相點兒！從命者秋毫無犯，您到延州照樣做節度，高官厚祿；違命者全族必誅，朕殺你全家。李彝超一聽，皇上連這話都說出來了，沒有什麼迴旋的餘地了，只有跟朝廷撕破臉，我就不去，你愛怎麼著怎麼著吧。皇上一看，我剛剛當上天子，就出來一個不怕死的，敢跟天子叫板？龍顏大怒，命令士兵加快進軍，拿下夏州，讓李彝超知道朕的厲害。

大敗後唐軍

党項人在夏州地區苦心經營數代，當時在西北也是一個不容小視的藩鎮政權，但是面對來勢洶洶的後唐大軍，党項人並沒有盟軍援助，只能是獨守夏州城，拼死抵抗。那麼身為首領的李彝超，有什麼退敵妙計嗎？

李彝超將偵察兵撒在沿途，後唐軍一出兵，偵察兵就不斷發回報告。最後，探馬報告後唐軍離夏州還有一百三十里。這一百三十里路，交通不便，更要命的是，沿途沒有水源。後唐軍要越過沙漠，才能到達夏州。李彝超馬上調動萬餘名党項精騎，讓他們三五成群、百十成隊，騷擾後唐軍的後方，讓他們吃不安穩、喝不上水、睡不踏實。後唐軍這一百三十里路下來，天天跟党項人打仗，今天被摸一個崗哨，後天被殺倆哨兵，大後天党項人敲一晚上戰鼓不讓你睡覺，加上又找不到水源，因此，等後唐軍到達夏州城下的時候，已經是師老兵疲，人困馬乏。即便如此，安從進奉天子命也不敢耽誤，馬上圍攻夏州城。

仗一打起來才發現，當年赫連勃勃大王築的城果然是名不虛傳。夏州城到李彝超的時候築成將近五百年了，換別的城早就塌了。後唐軍進攻的時候，雲梯無效，改挖地道，一挖地道發現夏州城牆堅如鐵石，鐽鑿不能入。想當年連寶劍都捅不進去，何況拿鐽子鐽它？後唐軍只能把夏州城團團圍住，但是周圍沒有水源，又遠離後方，糧食運不上來，士氣低落到了極點。此時，李彝超登城喊話，跟安從進說，安大人，我們這地兒十分貧瘠，小破城一座，又小又窮，更沒有啥金銀財寶，您打下來毫無收穫，所以煩請大人轉奏朝廷，留著夏州城，做國家的藩鎮，可以起到保家衛土的作用。安從進在城下聽著心裏也很不是滋味，我在延州那個地方做節度使挺好，皇上非讓我跟李彝超對調，李彝超還老大不樂意。現在就是李彝超樂意，我也不樂意了，這個地方又小又窮，我在這兒能幹嘛？但是朝廷有皇命，又不得不圍攻。此時党項故技重施，遊騎四出，騷擾糧道，截斷水源。安從進無計可施，只好倉皇撤退。什麼皇命不皇命的，我管不了了，弄不好這幾萬人全得扔在這兒。党項騎兵趁機追擊，大獲全勝。後唐明宗對党項用兵，本想把夏州收復，沒想到徹底失敗。

李彝超特別聰明，打敗了後唐軍隊之後，見好就收，馬上上表向朝廷請罪。臣罪該萬死，竟然跟官軍動手，死罪死罪，您處罰我吧！後唐明宗一看，我怎麼處罰你啊？我派兵打都沒打過你，既然你認錯了，得，朕也就坡下驢吧，以後不許這樣了！你不是請求冊封嗎？行，前朝封你什麼，我也封你什麼，仍然做定難軍節度使，接著幹吧！

臣服宋朝

李彝超大敗後唐大軍，從此無論是後唐，還是之後相繼出現的後晉、後漢、後周，中原王朝政權再也不敢輕易對党項出兵，党項得以休養生息，大力發展自己的勢力。最終五代結束，趙匡胤建立了宋朝，而這時的党項也已經成為西北地方一帶的霸主。那麼宋太祖趙匡胤，會如何對待党項這個西北強鄰呢？

宋初，平夏部落的首領是定難軍節度使李彝殷，李彝超的同輩兄弟。北宋一建立，李彝殷馬上上表朝廷，請求冊封。然後把名改了，不叫李彝殷了，叫李彝興。為什麼不叫李彝殷呢？因為太祖趙匡胤的父親叫趙弘殷，所以我得避諱。太祖皇帝非常高興，這傢伙多懂事啊！後唐真不應該打他，你看人家多乖，知道避我爹的名諱。

大宋朝廷完全承認了李氏家族對當地的統治權，只是要求他出兵騷擾一下北漢。因為太祖皇帝平五代十國的方針是「先南後北，先易後難」。北漢盤踞在山西，很討厭，朕要削平江南，它在北方搗亂，實在讓我頭疼，你能不能出兵幫我騷擾他一下？李彝興沒答應。他想，我要是出兵跟北漢打仗就得死人，我跟它無冤無仇，憑啥幹這事啊？但是他又不敢得罪宋朝，就貢獻了三百匹良馬。宋朝本來就缺馬，宋軍打仗打不過草原民族的原因之一就是因為缺少騎兵，缺騎兵的重要原因就是沒有馬。一下得到三百匹良馬，太祖皇帝龍心大悅，親自監工督造，準備賞賜李彝興一條上好的和闐美玉腰帶。這下賠透了，李彝興超胖，史籍記載，說他腰大十圍，按現在的尺寸接近四尺。太祖皇帝問定難軍來獻馬的使臣，你們家主公腰圍多少？答曰四尺。皇上聽了，臉都綠了，這得多少和闐玉啊？沒辦法，君無戲言，應該問清楚再賞，賜他個戒指都比別人大兩圈，甭說賜一條玉帶了。

幾年後李彝興病死了，宋太祖輟朝表示哀悼，追贈太師，封為夏王。他的兒子李光睿繼位，繼續做定難軍節度使。由於太祖皇帝不斷削弱藩鎮大權，李光睿心中驚懼，擔心早晚有一天杯酒釋兵權這種事會發生到自己身上，所以上表朝廷想試探一下，請求入汴京朝見太祖。

北宋此時平滅十國的任務尚未完成，宋太祖還需要李氏政權牽制北漢，所以下詔明確表示不用朝見。卿家鎮守平夏，干係重大，就不用入朝了，替朕去牽制一下北漢。李光睿喜出望外，不用去京城朝見就意味著太祖皇帝暫時不會削自己的權，於是就計畫跟北漢小打小鬧一下。不料北漢不明事理，打不過宋朝，覺得平夏部可能好欺負，就發兵搶掠，李光睿配合宋軍作戰，殺死三千多北漢士兵，繳獲大量輜重。正當此時，宋太祖駕崩，太宗趙光義繼位。太宗一繼位，李光睿立刻上表，說我改名了，您叫趙光義，我就不能叫李光睿了，改叫李克睿。太宗皇帝也很高興，你跟你爸一樣懂事，真是有其父必有其子，知道避朕的名諱。太宗皇帝加封李克睿為檢校太尉，北宋一朝武官的最高職位。

兩年後，李光睿病死，他的一個兒子承襲了定難軍節度使的職位，過了幾年也病死了。然後，另一個兒子李繼捧繼任定難軍節度使。

拖家入朝

據史書記載，李繼捧不僅胸無大志，而且在他承襲節度使之職沒多久，就做了一件非常蠢的事情，直接導致宋太宗下詔收回李氏家族的土地。那麼，李繼捧究竟做了什麼蠢事呢？

李繼捧當了節度使才一年多，就率領一大家子人入朝參拜宋太宗。太宗皇帝喜出望外，史籍記載：「自上世以來，未嘗親覲者。」（《宋史》卷四百八十五）自北宋建政以來，從來沒有過地方節度使主動前來晉見，特別是這樣的異族藩鎮。而且李繼捧不是一個人入朝，一家子全來了，祖母、母親、老婆孩子都帶來了。李繼捧的祖母獨孤氏向太宗皇帝敬獻祖傳的玉盤，太宗皇帝更是高興，給李繼捧在京師建了豪宅，賞賜金銀無數，三日一小宴，五日一大宴。李繼捧給地方的節度使做了個很好的榜樣，太難得了。

直到有一次，君臣們一起聊天時，太宗問他為什麼有這麼高的覺悟，李繼捧支支吾吾，說不出個所以然來。皇帝再三追問之下，李繼捧不得已說出了實話。我之所以有這麼高的「覺悟」，是讓我叔叔給逼得。本來我父親一死，我哥哥繼位，我哥哥去世應當我繼位，可叔叔們都不服，把我轟出來了。我的兩個叔叔一個當了銀州的節度使，一個當了夏州的節度使，我沒地方去了，只好入朝。皇上一聽，好現象，你們李家窩裏反，這是一勞永逸地解決平夏部割據政權的最好時機。於是太宗皇帝忙下聖旨，命令李繼捧的兩個叔叔也要入朝，向這個侄兒學習。你們看你侄子在這兒過得多好，朕在京師給他建了豪宅，你們知道京師的房子多少錢一個平方嗎？還賞賜他金銀珠寶、高官厚祿，再也不用過刀頭舔血的日子了，你們入朝吧！同時，朝廷大兵壓境。李繼捧的倆叔叔被逼無奈，只得入朝。皇上也給他們在京師分了房子，但這老哥兒倆不像侄子那麼心大，到了京師之後，很快就鬱悶死了。

太宗皇帝曾經問李繼捧，你們當地人好不好管理？你是怎麼管的？李繼捧實話實說：「羌人鷙悍，但羈縻而已，非能制也！」（《宋史》卷四百八十五）羌人剽悍，臣只能是哄哄他們，行羈縻之策，管不了。太宗皇帝一聽不以為然，你管不了，不見得朝廷管不了。於是，命大將曹光實為四州都巡檢使，率軍北上，去接管被李家世世代代佔有的四州：銀州（今陝西榆林）、宥州（今陝西靖邊）、夏州（今陝西橫山）、綏州（今陝西綏德），也有史籍記載是五州，還有靜州（今陝西米脂）。朝廷命曹光實都巡檢使去接收這四州或者是五州的地盤。當地党項的豪族們大都心中惴惴不安，但也有例外，李繼捧的族弟李繼遷，非但沒有不安，還乘勢反了。

繼遷逃跑

李繼遷也就是西夏太祖，根據史書記載，他自幼志向不凡，為人深沉多謀。當宋太宗下令收回四州的土地，並命令李氏家族全部內遷入京時，時年二十多歲的李繼遷堅決反對放棄祖宗基業。但是面對北上的宋朝大軍，李繼遷憑一己之力，又能做些什麼呢？

李繼遷不願入宋朝做臣子，永生為奴，原本計畫領兵造反，但對他幫助很大的一個漢人謀士張浦建議：現在造反時機還不成熟，我軍兵弱，朝廷大軍前來，抵抗絕非上策，必須逃到一個安全的地方，積聚力量，聯絡豪族。光咱這點兒人抵抗有什麼用啊？咱得把所有對朝廷不滿的地方豪族都聯絡起來，對抗朝廷，方是上上之策。李繼遷一聽，言之有理。既然以我目前的實力，不能違抗宋朝要求李氏全族內遷的命令，思之再三，乾脆就跑吧。但怎麼跑呢？此時宋朝大軍已經兵臨城下，力促這幾州党項豪族的內遷工程，我找什麼藉口跑呢？於是，李繼遷對外詐稱乳母去世，奶媽死了要發喪，將棺材裝到車上，只是棺材裏面不是奶媽，而是兵器。李繼遷手下的人披麻戴孝，內穿鎧甲，舉著哭喪棒一路號著，大搖大擺就出了城。把守城門的宋軍一看，人家發喪，咱們搜查人家，把棺材打開我看看，驚擾亡靈，實在是不合適。再者，打狗還得看主人，李繼遷官拜定難軍都知蕃落使，也是朝廷命官，將來入朝之後，不比咱哥兒幾個把城門的權力大得多？萬一他跟上面說一句，咱腦袋就搬家了，所以不能攔著人家。於是，李繼遷就順利出城了。

這幾十個人出了城之後，孝袍子一脫，兵器從棺材裏取出來，上馬狂奔，一口氣跑了三百多里，到了一個叫地斤澤的地方。此地位於今天內蒙古伊金霍洛旗，水草豐美，後來的成吉思汗陵所在。

李繼遷跑到了地斤澤後，聚集人馬，積蓄力量，休養生息，並不斷騷擾宋朝的邊境。朝廷很生氣，你哥哥做節度使的都歸降了，你一個芝麻綠豆大的官，居然帶領著幾十個人跑了？跑就跑了吧，還時不時地擾我邊境，朝廷要不收拾你，太失朝廷的面子了。於是朝廷下令，出兵進攻李繼遷。李繼遷二十郎當歲的小夥子，雖然有個漢人謀士輔佐，但一開始沒有什麼打仗的經驗，因為戰鬥經驗都是在實戰中一點一點總結出來的，而此時此刻李繼遷顯然還不具備豐富的戰鬥經驗。宋朝派來的可都是職業軍人，常年轉戰沙場，初戰夜襲李繼遷就打了一個大勝仗，斬首五百餘。李繼遷一共也沒多少人，本來聚集的人就不多，一下被殺了五百，還被燒毀了四百多座帳篷。無奈之下他只能和弟弟逃跑了，其老母、妻子均被生俘。

繼遷詐降

李繼遷雖然逃了出來，但是他的部隊幾乎全軍覆沒，母親、妻子都被宋軍生擒，現在的李繼遷可以說是一無所有。那麼李繼遷身處絕境，他又是如何東山再起的呢？

李繼遷雖然年輕，但很有政治頭腦，他通過與當地的豪強聯姻以恢復、壯大自己的勢力。逢人就問：你們家缺女婿嗎？幾乎把當地豪強的閨女娶了個遍。史書上說：「繼遷復連娶豪族，轉遷無常，漸以強大，而西人以李氏世著恩德，往往多歸之。」（《宋史》卷四百八十五）李繼遷的家族在當地的影響很大，當地人感念李氏恩德，現在李繼遷又跟他們結成姻親，所以紛紛歸附，李繼遷的勢力越來越大，漸成朝廷心腹大患。

朝廷督促四州都巡檢使曹光實出兵攻打李繼遷。曹光實也是一員名將，四州都巡檢使，按照我們現在的級別說也是正大軍區級了。李繼遷的勢力雖然不斷發展壯大，但是曹光實所部畢竟是官軍，裝備精良、訓練有素，幾番交手，李繼遷時落下風。在這種情況下，李繼遷修書一封與曹光實，曹將軍我服了，還是朝廷大軍厲害，我決定投降。我說個地方，咱還是那一套，歃血為盟，咱倆只要歃血為盟我就歸降朝廷，西人不復反矣。曹光實一看，這一幕多像當年的唐朝衛國公李靖收降拓跋赤辭啊！所以他心裏很得意，如果得以成就這番功業，我就是當朝的李衛公呀，所以不及多想，帶領三十多個騎兵就出發了。曹「衛國公」去會李「拓拔赤辭」，也許為了突出曹「衛國公」的偉大，史籍沒有記載後面是否尾隨著大部隊，再說李「拓拔赤辭」當時確實是走投無路了，而且那個時候的党項人，大多數應該還是很純樸的，只要歃血為盟的儀式一舉行，就不會再反覆。可李繼遷是什麼人？他早不姓拓跋了，他們李家在夏州盤踞了這麼多年，早已深受中原權謀詭道文化影響，不再是當年的党項人了。曹「衛國公」想都不想，領著幾十個人大大咧咧就來了，到地方之後，下了馬還沒等開口呢，李繼遷伏兵四起，亂箭齊發，宋朝這位大軍區司令員中箭身亡，幾十名騎兵無一倖免。史籍記載，李繼遷「遂襲銀州據之。……三月，破會州，焚毀城郭而去」（《宋史》卷四百八十五）。李繼捧不是把地盤都獻給朝廷了嗎？現在李繼遷就開始禍害這幾個州，絕不讓朝廷得著便宜。

朝廷一看曹光實戰死，只好繼續派名將來征討。這次派來的名將是王侁，就是宋朝雍熙北伐時，給潘美做監軍、逼死楊業的那位。王侁這次領兵前來，大破李繼遷，斬首五千餘，迫使李繼遷再一次兵敗逃竄。

戲裏戲外

李繼遷再次戰敗之後，深知單憑自己的力量，是遠遠不能和宋朝相抗衡的，必須尋找一個有力的靠山，然後再徐圖之。於是準備投降實力強大的遼國。那麼，遼國會接受李繼遷嗎？

李繼遷派自己的手下攜大量金銀財寶來到遼地，賄賂遼朝的宰執大臣。遼主一看李繼遷主動歸降，自然龍心大悅，不但壯我大遼聲威，還能夠牽制宋朝。遼主很大方，至少表現得很大方，反正平夏那地方從來就不是我大遼不可分割的一部分，既然你願意歸降大遼，我就做個順水人情，馬上下旨，封李繼遷為夏國王、定難軍節度使。

宋朝一看，李繼遷降遼了，而且這傢伙的靠山還不是一般的強大，這事不好辦了。不學但有術、自誇「半部《論語》治天下」的宰相趙普給宋太宗出主意，這事好辦啊，以夷攻夷。李繼遷降遼，盤踞在平夏，咱把他哥哥李繼捧放回去，讓他哥兒倆在前線廝殺，多好玩啊，皇上您就當看皮影戲了。宋太宗一聽，此計甚妙。本來李繼捧已經外放崇信軍節度使，立時三刻召還入朝，下令李繼捧回去做夏州刺史、定難軍節度使。從今天開始，你不姓李了，賜國姓趙。你們原來姓拓跋，然後姓李，現在改姓趙了，你也別叫李繼捧了，朕賜名趙保忠，希望你能打敗你的族弟李繼遷，為大宋建功立業，忠心保我趙家王朝（到這個時候，我們已經不知道該如何稱呼這位原來叫李繼捧，現在叫趙保忠的定難軍節度使。為了便於敘事，以下還是稱他為李繼捧）。李繼捧非常高興，我又改趙保忠了，原來就是因為叔叔們擠對我，所以我才入朝。我當然願意在老家稱王稱霸了，現在有皇上給我撐腰，我還怕什麼啊？於是李繼捧回到了夏州。

這就太好玩了，一個小城，兩個節度使，一個是遼封的，一個是宋封的，哥兒倆還是堂兄弟。哥兒倆經常打打仗，好各自跟主子有所交代。但是哥兒倆心照不宣，知道該怎麼打，比畫比畫就行，打完之後各自去跟自己的朝廷表功。李繼遷跟遼國朝廷表功，目的是你再多給點兒；李繼捧跟宋朝朝廷表功，目的跟李繼遷是一樣的。宋遼兩國離那個地方都那麼遙遠，也不明真相，接到表功的捷報，都很高興，不斷賞賜這對活寶，李氏兄弟越來越壯。

兩人比畫的時候肯定是假的，連演習都不是，就是演戲，但是有時演戲太投入了，難免有失誤。什麼失誤呢？雖然這哥兒倆比畫都是假的，可場景和道具是真的，不能說你拿木頭槍，我射沒頭的箭，本色演員一定要有敬業精神。可李繼捧實在是太敬業了，以至於在一次演出的時候出事了——李繼捧這邊一放箭，李繼遷中箭了，搞不清是大腿或者是屁股，反正是真真正正挨了一箭。李繼遷火了，有你這麼幹的嗎？這麼多年，咱戲裏戲外，不都是意思意思，箭朝天上放，你怎麼衝人射啊？你既然真打，你不仁，就休怪我不義了。

李繼遷養好傷之後，退出了演藝界，開始玩真的了，猛攻李繼捧。李繼捧是個好演員，但僅僅是個好演員，演演戲還可以，玩真的當下就不行了，不像李繼遷是複合型的人才，演戲、實戰都有兩下子。當然，他要是有李繼遷這兩下子，就不會歸降宋朝了。李繼捧被打得落花流水，倉皇逃竄，立即上疏朝廷，我趙保忠這回保不了忠了，能保命就不錯了，請朝廷速選名將，調派王師前來增援，打敗李繼遷。

朝廷非常重視，刻不容緩派出了一員名將——李繼隆。乍一聽，李繼隆和李繼捧、李繼遷是不是同族兄弟啊？不是，李繼隆跟他們一毛錢關係都沒有。李繼隆乃百分之百的漢人，其父是太祖朝名將，妹妹是太宗皇帝的正宮娘娘，他是太宗皇帝的正宗大舅子。李繼隆雖然是高幹子弟出身，又是皇親貴戚，但是很會打仗，有點兒跟漢朝的衛青相似，雖然他也名喚李繼×，但跟那哥兒倆就是名字相似，除此無他。時值宋遼刀兵相見，李繼隆是足以與遼國名將耶律休哥齊名的戰爭藝術大師，死後配享太廟。大宋王朝派遣這樣一位重量級人物急赴平夏前線，能不能收服李繼遷呢？

三

夾縫求生

党項首領李繼遷頻繁出兵騷擾宋境，激怒了宋太宗。
宋朝派遣重兵圍剿李繼遷，
並採取了一系列高壓政策，企圖消滅党項。
李繼遷面對此情此景，如何率領党項民族，
在宋朝的層層重壓之下頑強生存，並不斷發展壯大？
李繼遷這位党項民族的傑出領袖，最終的結局又是怎樣呢？

宋太宗十分震怒於李繼遷的反覆無常，屢屢騷擾邊境，於是派來了自己的舅子、名將李繼隆。史籍記載，李繼隆「善騎射，曉音律，感慨自樹，深沉有城府，嚴於御下。好讀《春秋左氏傳》，喜名譽，賓禮儒士」（《宋史·李繼隆傳》），是一員文武雙全的大將。李繼遷一聽李繼隆來了，媽呀！我的剋星到了，於是趕緊通過李繼捧聯絡宋廷，要求歸降。

在此之前，李繼遷就已經通過李繼捧投降過宋朝一回了，宋朝皇帝不明就裏，信以為真，還給他封了官，賜姓改名，叫趙保吉。沒想到這個保吉實在不吉，老跟朝廷作對，所以朝廷這次把李繼隆派來，意欲一戰永久解決李繼遷。

李繼隆率大軍到來，不但李繼遷害怕，李繼捧更害怕。因為他知道，如果李繼隆打敗了李繼遷的話，李繼遷肯定會把哥兒倆演雙簧這事報告給朝廷，他不會為我扛著，他為了撇清自己，親娘祖奶奶都能賣，何況我這個堂兄呢？所以他一看李繼遷又要投降，就趕緊報告朝廷，別讓李將軍來了，我弟弟保吉已經答應投降了。然後李繼捧攜老母、妻子及數百部眾，出城迎接李繼隆將軍。

李繼捧千般算計、萬種謀畫都用在怎麼應對李繼隆上了，萬萬不曾想到這位保吉弟弟，什麼陰招損招都能用，一看哥哥率部出城，而此時李繼隆大軍還未到，機不可失，時不再來，一鼓作氣偷襲李繼捧部，把李繼捧打得措手不及。李繼捧爬出被窩兒一看，就剩自己了，只好孤身一人逃跑了。李繼隆大軍一到，審時度勢，顯然李繼遷投降是假的，再找到李繼捧質問，方才明瞭李繼遷接受大宋官職的同時，還接受遼朝官職，兩朝為臣，兩面受封，實乃不折不扣的兩姓家奴。李繼捧也不是什麼好東西，不遺餘力地配合李繼遷演雙簧。李繼隆不由得氣沖牛斗，大罵李繼捧無恥，當時就要殺了他。李繼隆是皇上的大舅子，官拜河西都部署，持尚方寶劍，具備先斬後奏的權力。謀臣趕忙勸阻，這樣的罪臣，還是交由朝廷處置吧，他畢竟是聖上欽封的節度使，您殺他也不合適。於是，李繼隆派人把李繼捧押送回京師。

太宗皇帝倒是宅心仁厚，沒有特別為難李繼捧。李繼捧被送到京師之後，還在原來的豪宅裏面住著，朝廷還放過他幾任外官，但是終其一生甭想再回夏州老家了。他一直在宋朝做官，最終死在宋地。特別有意思的是，他們李家窩裏鬥成傳統了，他跟自己的堂弟鬥不著了，就跟自己的兒子鬥。臨死的時候，他給朝廷上遺表，一般大臣臨終時給朝廷上遺表，都是跟朝廷講我們家怎麼有功，我兒子怎麼好，燃盡自己這點兒夕陽紅，以餘暉為家裏再爭些利益。可李繼捧大反常態，上遺表跟朝廷講我兒子不孝順，千萬別給他官做，讓他窮死才好呢。也不知道太宗皇帝是不是按他的遺表行事，你不願意讓你兒子做官，正好朝廷沒那麼多俸祿養活你們這幫人，你當叛徒還有理了？

李繼捧被解決後，李繼隆大軍來攻李繼遷。

夏州被毀

李繼隆率領宋軍，兵分多路圍攻李繼遷，大有一舉消滅党項之勢。而此時李繼遷領導的党項民族，勢單力薄，根本不是李繼隆的對手。面對來勢洶洶的宋朝大軍，李繼遷該如何應對？宋朝的重兵圍剿，能夠將他置於死地嗎？

李繼隆幾路大軍圍攻李繼遷，五指成拳，意欲攥死李繼遷，不料李繼遷已經百鍊成精，就跟泥鰍似的，從指頭縫裏就溜了。李繼隆本是一員百戰名將，但是沒跟這號人打過仗。與遼打仗時，雙方都是正規軍，兩陣對圓，堂堂之師，這李繼隆行。跟這號人怎麼打？大軍出去卻找不著他，不知道他在哪兒，李繼隆很是頭疼。

這邊李繼隆頭疼尚未醫好，那邊李繼遷也開始頭疼了，窩裏起內訌了。這是怎麼回事？事之所至，理必固然。党項之地產鹽，主要靠賣鹽謀生。當地也出產戰馬，但是馬不能賣給宋朝；党項之地不以農耕為主，所以雖然出產糧食，但不能自給，就談不上賣糧；出產兵器，但兵器更不能賣。這樣，能賣給宋朝的，就只有鹽了，而中原又離不開鹽。宋朝鑒於繼捧、繼遷兄弟時叛時降，反覆無常，為了對付党項人，就下了一個禁令，斷絕雙方的貿易，不允許「MADE IN 党項」的鹽流入宋境。這一下党項主要的出口創匯產品賣不出去了，直接導致党項部落發生了嚴重的生存危機，很多党項人，甚至包括周邊的吐蕃人、回鶻人都反了，這次可不是反大宋了，而是反戈一擊，群毆李繼遷。你看我們跟著你啥都沒得到，原來我們還能賣點兒鹽，現在你反朝廷，朝廷下外貿禁令。大家掉過頭來打李繼遷，李繼遷殫精竭慮以避李繼隆大軍滅頂之災，早已疲於奔命，又逢內裏生亂，時也，運也，處境實在是太慘了。

但是，李繼遷這個人百折不撓，屢戰屢敗，屢仆屢起。李繼遷堅信，我是這兒的土皇上，強龍不壓地頭蛇，何況宋軍是打柴的，我是放羊的，打柴的無論如何是陪不住放羊的，你早晚有退走的那一天，你們不可能永遠在這個地方待下去，只要我咬牙堅持住，最後的勝利一定屬於我。希望不滅，奮鬥不止，所以李繼遷雖然困難到這種程度，仍然率領部眾堅持游擊戰。史籍記載，他們「圍堡寨，掠居民，焚積聚」（《宋史》卷四百八十五）。朝廷一看，李繼遷真是一塊滾刀肉，怎麼都拿他沒轍。

宋朝宰相呂蒙正就跟皇上建議，如果一時不能聚殲李繼遷，也必須把夏州城，就是當年赫連勃勃大王所築的統萬城毀掉。此城深藏在沙漠，當年後唐明宗討伐它，沒打下來，一百三十里的大漠，沒有水源，沒有糧食誰能過得去？所以奸雄常常聚此生事。只要有人想對抗朝廷，陰結叛臣，就踞夏州生事，因此必須毀去此城。此城一毀，萬世之利，這個地方對於關右地區的威脅就解除掉了。太宗接受了宰相的建議，毀棄了夏州城。我們今天看到的統萬城，只剩斷壁殘垣，就是人為摧毀的。但是統萬城被毀棄了之後，在沙漠裏又屹立了一千年。因為那個地方氣候乾燥，沒有什麼降雨，城池廢墟一直保存到今天。

繼遷服軟

宋朝毀掉夏州城，斷絕了李繼遷的退路，令他無處可藏。同時，李繼隆的大軍更是加緊圍攻党項。此時的李繼遷，前有追兵，後無退路，已經被逼上了絕境。那麼，他還能有辦法絕處逢生嗎？

夏州被毀，李繼遷大吃一驚，朝廷真狠啊，竟然把我老家給平了，怎麼辦？雖然李繼隆大軍幾路圍攻一開始沒有成功，但是他不會善罷甘休的。李繼隆一旦逮著我軍，我就死定了，我怎麼能是李將軍的對手呢？我能吃幾碗乾飯自己還是很清楚的。現在最好的辦法，就是跟朝廷服軟，一定要讓朝廷放我一馬。於是他就派自己的漢人謀士張浦，帶著土特產，趕著牛羊駱駝，到汴京去朝見宋太宗。

宋朝的民族政策就是這樣，只要你一服軟，朝廷馬上就比你還軟，朝廷偃武修文，能不打仗就盡量不打仗。太宗皇帝一看李繼遷派張浦來認輸了，先向他展示展示大宋武士的厲害，《宋史》卷四百八十五記載：「太宗令衛士翹關、超乘、引強、奪槊於後園，俾浦等觀。」大概就是表演硬氣功，讓張浦看。「且令兵士皆拓兩石弓。帝笑問浦曰：『羌人敢敵否？』」我的士兵不但能表演硬氣功，還能拉開兩石的強弓。一石就是一百到一百五十斤，兩石就是二百到三百斤，得有這麼大的拉力才能把弓拉開。太宗笑著問張浦，你們羌人敢跟這號人打仗嗎？

張浦人精一個，他幹嘛來了？不就是來表現自己的軟弱嗎？於是他馬上跪在地上拍馬屁，說：「羌部弓弱矢短，但見此長大人則已遁矣，況敢敵乎！」党項人不行，弓弱矢短，我們的弓如果讓你們這樣的勇士拉，一拉就裂為兩半了，我們看見你們這麼高的人，早就嚇跑了，哪兒還敢打仗啊？太宗皇帝非常高興，既然這樣，你們要識趣，你看大宋這麼強大的武裝力量，之所以沒把你們趕盡殺絕，是因為上天有好生之德。再有，張浦你就別走了。皇上知道，張浦是李繼遷的心腹、頭號大謀士，李繼遷幹的這些事，很多主意都是張浦出的。張浦，你本來就是漢人，就留在自己的祖國為官吧。朝廷下旨，封李繼遷為鄜州節度使，依然還封他做節度使，但不能做夏州的了，夏州已毀，讓他到陝西鄜州去做節度使，鄜州有知州，節度使就是一個空名，什麼權也不掌，白領份工資就完了。朝廷還要求他放還歷次戰爭中俘虜的宋朝軍士，歸還搶走的宋朝人口、牲畜，還要保證以後不騷擾宋朝。

李繼遷接到宋廷的詔書，置之一笑。你能拿我大遼的夏國王怎麼著啊？我都娶了遼國的公主了，逼急了我就找我岳父去。何況契丹皇帝早與李繼遷有約，你要跟宋朝和好，咱爺兒倆就掰了。宋朝兩次進攻我，太欺負人了，我要跟宋朝打仗了，需要你配合。我給你封了官賞了錢，你還娶了我閨女，你不能跟宋朝和好！所以李繼遷根本就不拿宋朝當回事。宋朝只能把張浦扣下，拿李繼遷無計可施。

強攻靈州

李繼遷對於宋太宗的封賞不屑一顧，仍然暗中跟宋朝抗衡。但李繼遷知道，這時的党項民族勢單力薄，又失去了有利的藏身之地，已經不堪一擊。因此，當務之急，是要使自己迅速變得強大。那麼，想發展党項的李繼遷會從何做起呢？

李繼遷此刻痛定思痛，夏州被宋朝毀了，我以哪兒為根據地？李繼遷想到一個好地方——靈州，就是今天寧夏的靈武。這個地方在河套平原，「黃河九曲，唯富一套」，水草豐美，物產豐富。史籍記載，這個地方「北控河朔，南引慶、涼，據諸路上游，扼西陲要害」（《西夏書事》卷七），位置非常重要。如果哪個政權佔有此地，則對於這個政權的發展壯大大為有益。唐朝的時候，靈武尚是內地，宋朝定都開封，靈武已經屬於極邊之地了，所以宋朝君臣對靈武缺乏足夠的重視。但是，畢竟靈州是宋朝的疆土，不經一戰就丟了，這也不行。

太宗皇帝為了加強對靈州的防衛，派了一員大將押四十萬糧草前去增援。太宗皇帝囑咐，你一定要把護衛的士兵分成三隊，不要一股腦兒出發。李繼遷如果劫糧，劫一隊，二隊、三隊能救；劫三隊，一隊、二隊能救。擺開一字長蛇陣，打蛇頭，蛇身、蛇尾能救；打蛇尾，蛇頭、蛇身能救；打蛇身，正好兩面包抄。所有押糧的民夫，均要發給弓箭，使他們能自衛，萬一党項騎兵衝過來，押糧的民夫起碼能射兩箭，射得死射不死党項人都沒關係，嚇唬嚇唬，射跑了總是可以的，如此這般，這般如此，一定要這麼做。

糧車出發後走了一小段路，大將就覺得這樣太費勁了，皇上多慮了，他又不了解前線的實際情況，兵陣分成三隊，慢悠悠的什麼時候能到啊？時間都耗在路上了，咱得趕緊趕到靈州，洗澡，吃飯，喝酒，一隊走吧，沒必要分成三隊。於是，全軍合成一隊，也沒發給民夫弓箭，就出發了。李繼遷早有埋伏，一看宋朝的糧車過來，騎兵就殺出來了。四十萬糧食，得多少糧車啊？首尾相接。李繼遷埋伏的那個地方，又是用兵的絕地，騎兵從兩頭一包抄，逃都沒地方可逃。宋軍士兵損失大半，能跑的跑了，沒跑的就死了，押糧的民夫早就一哄而散，四十萬糧全部被李繼遷繳獲。

噩耗傳到京城，太宗皇帝立即下令李繼隆火速出兵，兵分五路圍攻李繼遷，殲滅凶逆。李繼隆將在外，君命有所不受，沒有按照皇帝的進軍路線走，自作主張，直搗李繼遷的老巢。他計畫得不錯，圍魏救趙，直搗李繼遷的老巢可解靈州之圍。沒想到大軍進入党項腹地的時候，其他幾路有的迷路了，有的誤期了，本來應該是五路合兵，結果只有兩路人馬合在一處，另外三路沒來。如此，宋朝五路合擊西夏的戰略計畫破產。是役，李繼隆沒能打敗李繼遷，李繼遷一看宋朝幾路合攻都奈何自己不得，氣焰更加囂張。

衝出鄂爾多斯

宋太宗趙光義多年來用盡各種辦法捉拿李繼遷，收復党項，最後卻都以失敗而告終。西元九九七年，宋太宗滿懷著遺憾去世，宋真宗即位。那麼，宋真宗會如何對待李繼遷？他會不會有收復党項民族的妙計呢？

太宗皇帝一死，宋真宗繼位。真宗皇帝乃是一個太平天子，只想息事寧人，老好人一個。所以，他一繼位，為了表現出最大的議和誠意，放回了李繼遷的頭號大謀士張浦。先皇把你扣下了，對不起，朕現在放你回去找你的故主。不僅如此，真宗竟然把原來李家世踞的五州又還給了李家。朝廷感覺，李繼遷不斷地騷擾此地，要派兵把守，損耗太大，得不償失。李繼遷不就是要五州故土嗎？他原來聯絡豪酋的時候講，你們世受我李家厚恩，現在我們李家有難，你們願不願意與我共返家鄉，克復故土？既然你李繼遷以此為號召聚眾謀反，如今我將這五州還給你，你還有什麼藉口啊？真宗皇帝真是很傻很天真，你的人我放回去了，你的地盤我也還給你了，你該知足了吧？

李繼遷「子係中山狼，得勢便猖狂」，真宗皇帝的退讓，不但沒能使他幡然悔悟，還更加堅定了宋朝不敢把他李繼遷怎麼樣的信念。他變本加厲，不斷抄掠宋朝的邊境，加緊圍攻靈州。

面對靈州的困局，大宋朝中的大臣分成兩派，展開了激烈的爭論。一派主張放棄靈州，靈州遠離中原腹地，調兵不便，沿途都是党項人的地盤，党項遊騎四出，我們增援很困難，靈州根本守不住，早晚都是丟。不如把城中百姓全部遷入中原內地，讓李繼遷得到一座空城，不然，城中六七萬百姓就要全部陪葬。這一派的勢力很大。還有一派認為靈州必須要守，一是因為它的地理位置重要，如果靈州一丟，中原跟河西走廊的交通完全斷絕，也就是從漢朝開通的絲綢之路就會被徹底切斷，中原以後需要的西域良馬、鐵器便全都運不進來了，所以靈州必須守。再有一個說不出口的原因是，朝廷的面子也很重要。

這場爭論曠日持久，雙方互不相讓，一時未有定論。救兵如救火，可憐靈州守軍盼星星盼月亮似的盼救兵，這邊大臣們卻吵得不亦樂乎。到底應該怎麼辦？真宗皇帝思來想去，覺得還是朝廷的體面要緊，朕剛一登基就丟失靈州，對不起祖宗，所以靈州還得守。於是，宋真宗隨即派大將率兵六萬，增援靈州。

大將出兵的時候，也知道朝廷上下有過一番激烈的爭論，朝廷根本就沒有決心，所以派我這六萬人去，大概也就是裝裝樣子，很有可能還沒等我大軍到達，靈州就失陷了，朝廷還會令我調轉回京。因此大將就命令自己的六萬大軍，慢點兒走，等等看，不要著急，隨時做好後隊改前隊的準備。朝廷猶猶豫豫，大將拖拖拉拉。果然，沒等朝廷援軍到，靈州失陷，宋朝在西北的軍事重鎮就被李繼遷攻佔了。

李繼遷攻佔了靈州，宋朝跟西北地方的聯繫就被徹底斷開了。兩宋時期對外貿易主要依靠海上絲綢之路，走海路了，一個重要原因就是陸上絲綢之路徹底斷絕了。李繼遷改靈州為西平府，党項勢力衝出了鄂爾多斯高原，佔據了河套平原。靈州、興州（今寧夏銀川），相繼被党項佔領。下一步，党項人計畫打通河西走廊。

當時的河西走廊，宋朝控制區在涼州，還有一支強大勢力回鶻控制了甘州一部分，吐蕃人控制了剩餘部分，沙洲（今敦煌）由漢族曹氏政權控制。李繼遷首先攻打涼州，涼州知府猝不及防，大早上起來城門剛開，党項騎兵就衝進來了，直奔知府衙門，知府的腦袋被砍下來，涼州就被佔領了。党項的勢力衝進了河西走廊。

河西走廊是多民族勢力聚居的地方，党項人一進來，引起連鎖反應，回鶻和吐蕃感覺到了党項的威脅。

回鶻人在唐朝的時候，是一個很強大的民族，在北方蒙古高原上建立起回紇汗國，後改名回鶻，立國一百多年，經歷十二位可汗。後來由於自然災害加上外族進攻，回鶻汗國解體。回鶻人就分成幾支，有留在甘肅甘州的，有遷入新疆的，還有遷入中亞的，原本一個強大的汗國分崩離析。吐蕃人在唐時也建立過一個強大的王國，經歷幾代贊普，後來也分裂了，青藏高原回到了松贊干布統一之前的狀態，各部林立。

党項人所處的位置決定他們只能向西擴張。向東是山西太原，宋朝的重鎮，連陝西他們都衝不出去，更談不上打到山西；向南是關中長安，這是宋軍最堅固的防線；向北是他岳父大遼帝國。東、北、南三面都不能擴張，党項人只有向西以求更大的發展。

繼遷托孤

李繼遷率領党項人沿河西走廊向西，大肆擴張，引起了當地吐蕃人和回鶻人的強烈不滿。這些部落的首領都想伺機除掉李繼遷，吞併党項。但是，李繼遷機警善戰，堂堂大宋朝都拿他無可奈何，這些小部落又能有什麼辦法對付他呢！

李繼遷最擅長的事就是詐降。一打不過宋軍就投降，官位、賞賜一到手，馬上就反，翻臉比翻書都快。當時吐蕃首領潘羅支就想以其人之道還治其人之身。就你會詐降？我也會！淹死的不都是會游泳的嗎？會水的魚兒浪中死，玩刀的人不都得死於刀下嗎？乾脆我也這麼幹。於是，潘羅支派人給李繼遷送信，小人仰慕大王英名，早就想投降了，幸虧您來打我，我就盼著這一天呢。我說個地方，您過來招降我吧。

張浦告訴李繼遷，不能去，這傢伙有詐，你還沒打呢，他就投降，不符合吐蕃人的秉性。吐蕃人剽悍善戰，凡是在戰場上有過逃跑前科的人，家門口都被會掛一條狐狸尾巴，一輩子抬不起頭來。咱還沒打，他就要降，肯定不對，你不能去。李繼遷說有什麼不能的，他明知打不過我，識時務者為俊傑，你放心吧。李繼遷領著幾十個人，就去接受潘羅支的投降，這樣一來，下場就跟被他殺害的那位宋朝大將曹光實一樣，還沒見著潘羅支，剛走到受降的地點，幾十支箭就飛過來一下把李繼遷戳得渾身都是窟窿。李繼遷當時還真沒死，身體素質比較好，而且他中箭也不是頭一回了，被部下抬回自己的營帳之中。但是李繼遷畢竟是血肉之軀，這麼重的傷，肯定是活不長了。

李繼遷自知時間不多了，便喚來自己的兒子李德明，囑咐他，我死之後，你繼承我的位子，注意一點：「爾當傾心內屬，一表不聽則再請，雖累百表，不得請勿止也。」（《西夏書事》卷八）你上表給大宋朝廷，要求投降，你上一次表他不理你，你就接著上，哪怕上一百次，直到他同意了為止，只要他不同意你就上表。然後，他又跟張浦講：「公等並起等夷，誼同兄弟，孺子幼長兵間，備嘗艱苦，今俾以靈、夏之眾，雖不能與南北爭衡，公等戮力輔之，識時審務，或能負荷舊業，為前人光，吾無憾矣！」（《西夏書事》卷八）張浦你雖身為漢人，能與我們一塊兒起來造反，艱苦備嘗，總算有了今天這樣的基業。我死之後，請你好好輔佐我的兒子。咱們踞有靈、夏之地，雖然不能與宋、遼抗衡，但鼎足而三絕對沒問題，這樣可以為前人增光，為子孫增業。張浦如同有當年漢昭烈帝白帝城托孤的感覺，流著眼淚說，主公放心地去吧，我一定輔佐好幼主，光大党項的事業。說完之後，李繼遷就閉目去世了，時年四十二歲。

生存戰略

李繼遷一生不甘心受制於人，率領党項民族同宋朝抗衡了二十餘年。即使在走投無路的時候，他也沒有真心地歸附大宋。可是，為什麼在臨死之前，李繼遷卻要再三囑託，一定要讓自己的兒子歸降宋朝呢？

李繼遷跟宋朝鬥了一輩子，怎麼臨死讓自己的兒子上表服軟？這足以表明李繼遷的過人之處。李繼遷看到党項民族當時生存環境惡劣，北有遼國，東有宋朝，西邊是回鶻諸部，南邊是吐蕃，強鄰環伺。他撒手人寰，兒子李德明年僅二十三歲，國危子弱，萬一這些對手興兵討伐，李德明應付不了，必須背靠大樹好乘涼。遼已經跟李繼遷確立了宗藩關係，如果宋再能跟党項和好，剩下回鶻、吐蕃就不足為患了。

因此，李繼遷一再叮囑自己的兒子，你要給朝廷上表，讓朝廷同意你投降。如此這般，宋朝的大軍就不壓境了。穩定住邊境，外患沒有了，你再想辦法削平內亂，等咱們部族統一起來，再與宋朝一見高下。

李繼遷囑咐完，與世長辭。那麼李德明繼位之後，是不是按照父親說的去做呢？

四

關門稱帝

李德明繼承了党項部落首領後，率領党項歸降宋朝。
「景德和約」的簽訂，
使經歷了數十年征戰的党項民族得以休養生息，勢力迅速壯大。
於是李德明開始效仿皇室興建宮殿，設置儀仗，關起門來當了「皇帝」。
那麼，宋朝知道後，會任由李德明這麼為所欲為嗎？
李德明這個所謂的「皇帝」，能夠做得安穩嗎？

党項大首領李繼遷與宋朝鬥了二十多年，宋朝拿他一點兒辦法都沒有，但是在與吐蕃人交戰時，李繼遷中了吐蕃首領潘羅支的埋伏，撒手人寰。李繼遷去世之前，立下遺囑，告訴兒子李德明，一定要給宋朝上降表，謀取同宋朝議和。

李德明當時雖然只有二十三歲，但他並不是個黃口孺子，什麼也幹不了。史籍記載，李德明「深沉有器度，多權謀」（《西夏書事》卷八）。別看他人小，心眼並不少，年紀輕輕就跟著父親南征北戰。李繼遷與宋朝打了一輩子游擊，居無定所，飄忽不定，李德明就跟著父親過著顛沛流離的生活。他十七歲的時候，擔任行軍司馬，獨當一面，率領部隊進攻宋朝的州縣。可見他雖然年輕，但是能力並不差。

李繼遷一死，李德明自封為定難軍節度使。為什麼是自封呢？因為定難軍節度使需要得到遼朝的冊封，李德明向遼朝隱喪不報，也就是說遼朝還不知道李繼遷已死。但宋朝知道，跟我們作對了幾十年的大魔頭終於死了，他兒子很年輕，也沒得到遼的冊封。於是宋朝邊帥們就在邊郡貼出榜文，號召所有党項部落的頭人，只要手下有幾個人的，如肯歸降大宋，一律授予五品團練使官職，賜給銀兩、絹帛。很多党項部落的首領，特別是那些跟李家有仇的，一看李繼遷死了，李德明年輕繼位，又沒得到遼國冊封，肯定壓不住臺，宋朝又開出這麼優厚的條件，就越境歸降了宋朝。擺在李德明面前的形勢很嚴峻。

德明遠見

李繼遷死後，党項部落果然出現了嚴重的危機。但是，面對內憂外患的局面，剛剛繼位的李德明卻並沒有馬上遵照父親的遺囑歸降大宋，而是首先做了另外一件更為重要的事情。

李德明繼位之後，召集部下商議，他說跟宋朝和好，得分怎麼和，是站著平等跟宋朝和，還是跪下作揖跟宋朝和，咱必須選一樣。如果咱是跪著作揖跟宋朝和，宋朝會看不起咱們，不會有真正的和平。尊嚴來自於實力，咱必須證明咱的實力，咱得讓宋朝看得起咱。所以現在必須得興兵替先王報仇，把先王的仇報了，咱在這一帶威名也揚出去了，別的部落怕咱們了，宋朝才不敢輕視咱們，到那時再跟宋朝議和。部下都覺得，少主真是有遠見，說得太對了。於是部下向他進言：「國家疆宇雖廓，自西涼擾亂，先王被害，蕃眾驚疑，若不假北朝威令懾之，恐人心未易靖也。」（《西夏書事》卷八）現在既然跟宋朝不尷不尬的，那咱一定要得到遼朝的冊封，必須得讓遼承認咱們，大樹底下好乘涼，如果吐蕃、回鶻要是跟咱作對的話，咱也有個後臺靠山。李德明就趕緊派人到遼去請求冊封。臣父已經去世了，我彙報晚了，我們這地方通信手段不夠發達，現在特來報喪，請求冊封襲爵。遼立刻冊封李德明為西平王、定難軍節度使。現在李德明有天朝上國的策命，不是自封的了，下一步就是要為先王報仇，幹掉殺父仇人——吐蕃首領潘羅支。

吐蕃潘羅支政權，也不完全是吐蕃人組成的，党項羌族跟吐蕃本就系出同源，血緣很近，風俗習慣相似，吐蕃潘羅支部就有不少党項人。因此，李德明就派人去聯絡潘羅支部中的党項人，讓他們造潘羅支的反。

潘羅支這個時候也沒閒著，他知道李德明肯定要找他玩命，所以想趁著李德明羽翼未成，主少國疑的時候出兵，踏過賀蘭山，把李德明滅了。潘羅支那邊點齊了人馬，又派自己的親哥哥到開封去見宋真宗，請求兩家合兵，一鼓作氣，滅掉李德明。此時宋朝鎮守邊疆的大帥，鎮戎軍知軍曹瑋，也給朝廷上疏：「繼遷擅河南地二十年，兵不解甲，使中國有西顧之憂。今其國危子弱，部族離心，不即乘此捕滅，後更強盛，不可制矣。願假臣輕兵，出其不意，擒德明送闕下，復河南為郡縣，此其時也。」（《西夏書事》卷八）李繼遷禍害了咱們二十年，兵連禍結，邊境上幾十萬軍隊都對付不了他，因為他來無影去無蹤，跟我們玩游擊戰。現在他終於死掉了，李德明繼位，國危子弱，若不乘此良機除掉李德明，等以後他強盛了再興兵，可就來不及了。微臣雖然不才，只要給我一支人馬，我願意殺入党項境內，生擒李德明，獻予陛下，把他盤踞的地方復為天朝郡縣，這是最好的時機。曹瑋此人，赫赫有名，乃是宋朝初年開國名將曹彬之子，父子倆都做到樞密使。而此時他是鎮戎軍的知軍，鎮戎軍就是今天寧夏固原市，是宋朝邊境上一個重要城市。

與宋談和

平定李家叛亂，收服党項，是宋朝兩代皇帝多年的夢想，但卻苦於沒有合適的時機，一直未能實現。此時的党項主少國弱，又面臨著內憂外患的局面，正是宋朝出兵吞併的最好時機。那麼宋真宗能否抓住這個機會，一舉消滅党項呢？

宋真宗說，李德明既然處在這麼危難的一個處境，他一定會主動向我們大宋求和的，既然他願意求和，同意稱臣納貢，那何必非要兵戎相向呢？宋真宗解決外交矛盾最擅長的辦法就是花錢買和平，跟遼的澶淵之盟就是這麼達成的。朝廷婉言謝絕了潘羅支哥哥的合兵請求，你跟我們大宋關係很好，你的心意我領了，但是天朝不打算興兵，你回去吧。曹瑋的上疏，朝廷也不予同意，白白錯過了這麼一個大好時機。

李德明一看，潘羅支聯宋對付党項的計策沒能成功，就唆使潘羅支部下的党項人起來造反，潘羅支被自己手下的豪酋們給殺掉了。潘羅支一死，這一支吐蕃的勢力就算徹底瓦解了。李德明為自己的父親報了大仇，覺得已經有足夠的力量了，是跟宋朝談和的時候了。

於是，李德明就派了自己手下一員大將，帶著二十五匹馬、幾頭駱駝和一點兒土特產，去見宋真宗。我現在願意跟你談和了，你看咱們怎麼和？宋真宗非常高興，我說什麼來著？党項沒有什麼好的辦法，他必然要跟我談和。這樣，雙方就開始談，剩下的事就是討價還價。經過一年多的你來我往，漫天要價，就地還錢之後，雙方達成一個初步的意向，宋朝冊封李德明為定難軍節度使、西平王，薪水與內地節度使等同。其實在此之前，李德明已經得到遼的冊封了，他兩邊買好，遼給我這樣的官職、爵位，宋不能比這個差吧？遼給我什麼好處，宋也得給我什麼好處。宋朝都答應了，而且還有兩項額外的好處是遼不曾給的：第一個是党項人可以來宋朝內地貿易，你可以把你的土特產拿來賣了掙錢；第二個是党項之地盛產青鹽，宋朝允許党項每年賣若干萬擔鹽到中原內地。

從漢武帝開始，中原王朝就實行鹽鐵專賣，鹽只能由國家來賣，私人是不能賣的。允許党項人往中原內地賣鹽，就會出現一個什麼問題呢？党項人賣的鹽誰來收購？如果要是官賣，那就應該是朝廷出資收購，那等於朝廷額外要有一筆開銷，如果要允許党項人跟當地商人交易，那就擾亂國家的食鹽專賣制度了。所以，宋朝給党項的這項額外好處，是付出了很大代價的。當然，不能白給這些好處，宋朝提出了條件。

景德和約

俗話說「天下沒有免費的午餐」，宋朝當然不會平白無故給李德明這麼多額外的好處。作為交換，宋朝都提出了哪些苛刻的條件？李德明又是否會接受呢？

宋朝一口氣提了七個條件：

第一，歸還靈州。現在被你改名叫西平府作為首都的這個地方，是你爸爸李繼遷搶來的，你必須歸還。

第二，你的居地僅限於平夏範圍，就是當初你們那五州之地。

第三，你要派遣子弟宿衛京師，實際上就是做人質。

第四，你要歸還被俘的宋朝官吏。

第五，你要解散軍隊。

第六，你要歸還被俘的宋朝士兵。

第七，以後雙方有糾紛要聽朝廷處置。

李德明看了這七個條件之後，同意了五條，有兩條堅決不同意。第一條，歸還靈州領土，這不可能。靈州是我爸爸率領我們党項健兒一刀一槍，犧牲多少英烈奪回來的，你上嘴皮一碰下嘴皮，我就還給你？憑什麼？戰場上得不到的東西，休想在談判桌上得到，自古以來沒有這種事。第三條，送子弟宿衛京師。甭來這一套，我還不明白這什麼意思？你不就讓我的子弟做人質嗎？這不行，我們家人口少。

宋朝見李德明堅決不同意這兩件事，也沒辦法，只要他不跟咱打仗，小事就不計較了。不過，既然你不同意朝廷的這兩項條件，那好，朝廷給你的那兩項額外優惠條件也取消了，不允許党項人來中原內地貿易，也不允許你們賣鹽了。但是表面上朝廷說不允許，賣私鹽的進來你管得了嗎？你還能進來一個殺一個嗎？宋朝就跟李德明簽了和約，因為當時党項畢竟名義上還是宋的臣屬，所以這也不像兩國之間簽的和約。和約簽訂在宋真宗景德年間，史稱「景德和約」。景德和約簽訂之後，宋與党項二十多年沒有發生大的戰事。

李德明利用這二十多年的和平，努力經營著自己的部落，進行各方面建設。另外，李德明一僕二主，宋遼兩國都是他的主子，所以每一次去給兩國進貢的時候，他的貢使都帶著大量土特產，沿途大肆販運，大搞走私貿易。宋遼兩國都睜一眼閉一眼，只要他歸屬咱，不給咱搗亂，做我的臣子（宋遼兩國都認為他是自己的臣子，也不知道到底是誰的），他販點兒東西賺點兒錢無所謂，要看大局！李德明往宋境內賣私鹽，宋朝還在邊境上設立榷場，跟李德明貿易。李德明所處之地，控制絲綢之路，對來往客商課以重稅。你把稅交完了之後，以為貨物能運出党項境內嗎？那是不可能的，因為党項士兵搖身一變，就變成綠林好漢了，再將你搶個乾淨。要打此路過，留下買路財。因此，李德明的勢力越來越大。

李德明與宋朝和平共處了二十幾年，沒怎麼打仗，不過，他老想勒索宋朝一把。有一年，他這地界鬧災，糧食歉收。他就跟宋朝說，邊疆地區受災了，中央援助一下吧。獅子大開口，一張嘴就要一百萬石糧食，不然的話就如何如何，大有興兵勒索之意。事發突然，宋朝一時不知道該怎麼辦了。

關門稱帝

李德明向朝廷索要一百萬石糧食的援助，令宋真宗左右為難。如果宋朝同意李德明的請求，他日後必然會得寸進尺，提出更加過分的要求。如果拒絕，宋朝又怕李德明以此為藉口興兵鬧事。那麼，最後宋真宗會不會給李德明這一百萬石糧食呢？

李德明要一百萬石糧食，給還是不給？朝廷開始廷議，宰相一拍大腿，這事好辦啊！朝廷「敕有司具粟百萬於京師，而詔德明來取之」（《宋史·王旦傳》）。於是，朝廷給李德明下了道聖旨，你不是要一百萬石糧食嗎？沒問題。開封府給你存好了，你派人來取吧。李德明一看朝廷詔旨到，心下慚愧。朝廷有人，看來咱別奓毛了，老老實實靠走私、搶劫發點兒小財就完了，糧食不要了。

李德明跟宋朝二十多年沒有打仗，但他並沒有閒著。他的策略是什麼呢？跟宋朝維持和平，然後往兩邊發展，「南掠吐蕃駿馬，北取回鶻銳兵」，把吐蕃、回鶻收為己有。當時李德明所要對付的對手，主要是河西走廊上的甘州回鶻，將近二十年的時間裏，李德明同甘州回鶻打了六次仗，全失敗了。甘州回鶻不愧是當年為李唐王朝平定過安史之亂的回鶻人的後代，馬上民族豪氣不輸。李德明雖然連打了六仗都打敗了，但他的兒子李元昊長大成人了，又經過了充分的準備，李元昊便再次領兵攻打甘州回鶻。李元昊一出手就不同凡響，打下了甘州，甘州回鶻可汗夜落隔倉皇出逃，城中的家屬全部被俘虜。李元昊大捷歸來，李德明非常高興，此子可託江山，立他為太子，將來我這個位置就傳給你了。由於李元昊佔領了甘州，駐守涼州的回鶻人失去了屏障，涼州回鶻也就歸附了党項。

另外河西走廊上還有一個重要的政權——瓜州的曹氏政權，位於今天的敦煌。這個地方在唐末以來就一直被曹氏控制，是漢人建立的一個小割據政權，這時也準備歸附李德明。李德明覺得自己戰線太長，就告訴瓜州王曹賢順，你還回去做你的瓜州王，但是你已經是我的附庸了。到了李元昊的時代，瓜州也徹底併入了党項的版圖。這樣一來，党項就由原來的五州之地，發展到將近二十個州，佔有了今天的陝、甘、寧、青、內蒙古五省（區）的大片土地。史籍記載，党項極盛的時候，版圖「東盡黃河，西界玉門，南接蕭關，北控大漠」。

李德明名義上還是宋遼兩國的臣屬，但是實際上立國的規模已經完全具備了。這時的李德明也就不客氣了，他明確表示自己想要建立一個國家，在西平府大修宮室。後來有人跟他講懷遠鎮的山上發現了龍，李德明非常高興，龍一出，就說明要有真龍天子了。真龍天子是誰呢？自然就是我了。既然懷遠鎮的山上出現了龍，那麼我們的都城就建在懷遠鎮。於是李德明從西平府遷都到懷遠鎮，就是今天寧夏回族自治區的首府銀川，此地自古以來，就有塞上江南之稱，李德明把這個地方定名為興州，開始大肆營建宮室。李德明出行的時候，儀仗隊完全是天子的派頭，穿衣打扮也跟漢家天子一般無二。

德明驟逝

李德明效仿皇室興建宮殿，設置儀仗，儼然把自己當成了一國之君。可是好景不長，李德明關門稱帝的消息很快就傳到了朝廷。那麼，宋朝皇帝聽說之後，會任由李德明這樣為所欲為嗎？李德明這個皇帝能夠做得安穩嗎？

宋朝明確地告訴李德明，你不能這麼做，你這麼做是錯的。但是我有一個折中的建議，你的衣服、儀仗低天子一等就可以了。其實李德明就是一個地方豪酋，封為王爵、節度使已經高抬他了，還允許他衣服、儀仗低天子一等，也不知道這是限制他還是鼓勵他。李德明還算是比較客氣，每逢宋使來，他就把黃袍脫下來，穿上紅袍，把皇宮的題榜揭下，起立行禮，接聖旨。等宋使一走，題榜一掛上，黃袍又穿上了，不影響關上門當皇帝。宋朝承認不承認無所謂，我自己承認就足矣。他追尊自己的父親李繼遷為太祖，謚號武帝，如此一來李德明距離皇位就一步之遙了。可馬上就能扣上這頂皇冠的時候，他卻突然發病去世，時年五十一歲。

李德明死後，他的兒子李元昊繼位，當時只有二十幾歲。李元昊可不是一般人，這個人生下來就是個領袖人物，史籍記載，元昊「性雄毅，多大略，善繪畫，能創制物始。……曉浮圖學，通蕃漢文字，案上置法律，常攜《野戰歌》《太乙金鑒訣》」（《宋史》卷四百八十五）。李元昊個性雄毅，多大略，曉浮圖學，就是通曉佛教的教理，吐蕃文、回鶻文、漢文都認得，明法律，桌上老擱著法律書，出行的時候必然要帶《野戰歌》、《太乙金鑒訣》兩本兵書，走到哪兒看到哪兒。此人文武雙全，雄才大略。

李元昊十三歲的時候，曾發生過這麼一件事。李德明向宋朝進貢馬匹，但貢了馬要換回東西來。有一次，換回來的東西賣不上價錢，李德明覺得虧本了，我拿馬換回來的東西還沒馬值錢呢，非常生氣，就要把貢馬人殺掉。王爺盛怒之下要殺人，誰都不敢勸，雖然大家都覺得這個人冤。此時十三歲的李元昊挺身而出，跟父親說，我們党項是騎馬民族，馬是我們最基本的生產生活工具。您現在貢馬給宋朝，這其實就是資敵行為，現在還因為用馬換回來的東西不值錢而殺人，這樣一來，人心盡失，沒有人再肯為咱們賣命了。李德明一聽，醍醐灌頂，振聾發聵，哎呀，還是兒子有見識，我接受兒子的批評，這個人不殺了。但是貢馬沒有停止，不貢馬拿什麼跟宋朝換東西啊？

宋朝的邊帥曹瑋聽說這件事，暗吃一驚，李元昊小小年紀就能說出這麼有見識的話，長大了必為我大宋之勁敵啊。這個人長什麼樣？真想見見。當然了，他不可能深入党項境內見李元昊，史籍記載，李元昊「圓面高準，身長五尺餘」，長得很標緻，打扮得很另類，「衣長袖緋衣，冠黑冠」（《宋史》卷四百八十五）。紅衣服，黑帽子，很漂亮，別人不穿這種衣服，一看就是他。有人就跟曹瑋講，李元昊經常在榷場上轉悠，好多在榷場做買賣的人都認識他，要不將軍您也紆尊降貴，您化個裝，在榷場上等他，說不定哪天就能碰上他。曹瑋還真換上便裝，到榷場去等李元昊，去了好幾次都沒碰著，正好錯開了。後來有人畫了李元昊的像給曹瑋看，曹瑋打開李元昊的畫像之後，一驚之下就掉地上了，給了四個字的評語：真英物也。真是一個英雄人物，這個人太可怕了，必為大宋之患。

有一次，李元昊跟自己的父親講，咱們實在是不應該給宋朝進貢，咱們部落很窮，馬匹、駱駝是咱們最基本的生產工具，咱們把這些東西進貢給宋朝，得到的宋朝的賞賜只是咱們一家人享用，長此以往，怎麼能讓其他人心服呢？部眾怎麼能不離散呢？不如我們斷絕向宋朝進貢，把這些馬匹、駱駝積攢下來，讓大家的日子好過一點兒，然後我們整軍經武，至少可以去宋朝搶劫，要是幹好了，我們就可以開疆拓土，佔領宋朝的州郡。這樣不是比仰人鼻息、向人進貢要強得多嗎？

李德明聽完這話大不以為然，嘴上沒毛，辦事不牢，年輕後生，你懂什麼啊？你才多大個人啊？我刀頭舔血二十多年，從十七歲就跟著你爺爺打仗，打到現在我都快五十了，咱們現在已經是國困民虛，可不能再打仗了。尤其咱們家族，三十多年穿綾羅綢緞、錦繡衣裳，這是宋朝的恩賜，咱們不能忘，你怎麼能動不動就老想佔人家的州郡，跟人打仗呢？李元昊聽完父親的這番話，很看不起這個窩囊廢老子。李元昊說，穿皮毛，從事畜牧業，這是我們党項男兒的本色。大丈夫在世，應該稱王圖霸，建不世之功業，哪能整天就琢磨穿綢緞衣服？父子倆不歡而散。

不奉宋朔

在李元昊看來，党項民族已經足夠強大，絕不應該再受制於人，因此他早就有了同宋朝決裂，稱王圖霸的野心。父親死後，繼承了党項首領職位的李元昊，終於等到了可以大展拳腳的機會。那麼，滿懷雄心壯志的他會如何對待宋朝呢？

李元昊繼位之後，宋朝派使臣來冊封。按道理李元昊要請宋使升殿，宣讀詔書，李元昊要跪接。當時李元昊正在打獵，就要求在獵場接宋朝的聖旨。宋使沒有辦法，只好到獵場來傳旨。宋使傳旨的時候，李元昊只是遠遠地站著，拒絕下跪接旨。宋使一再堅持，說你必須下跪聽旨我才能宣讀，李元昊才老大不情願地跪下。等到宋使宣詔一畢，李元昊就騰地站起來，跟左右的人說，先王真是失策，我們擁有這樣的國家卻要向別人下跪稱臣，這種事我是再也不幹了。然後，他把宋使晾在當場，甩手就走了。但是要給宋使接風洗塵啊，人家遠道而來，這頓飯總是要請的吧？擺宴的時候，李元昊堅持把自己的座位設在上首，按理說，雙方應該是對等的，宋朝來的雖然只是一個使臣，但是，上國之臣當下國之主。但李元昊非要把宋使的位子設在下首，宋使堅決抵制，拒不落座，你非得把座調整過來我才落座。李元昊這一次沒有擰過宋使。我不跟你當面爭執，萬一我要是控制不住脾氣，拔劍把你宰了，事就大了，兩國相爭，不斷來使，這口氣我忍了。你願意怎麼坐咱就怎麼坐，但是你回去之後就由不得你了。

等宋使一回去，李元昊就開始採取辦法跟宋朝作對了。党項是宋朝的臣子，要用大宋的年號，當時宋朝的年號是明道。李元昊一繼位，就說我爸爸叫李德明，現在的年號是明道，犯了我爸爸的名諱，我做兒子的要避父親的諱，不然我就不是孝子，所以你這個明道年號我就不能用了，我給你改成顯道。宋朝的疆域版圖之內全部是明道，就到他這一畝三分地改成顯道了。李元昊強烈地表示出了不再奉宋朝正朔的信號，我不願意再向你低三下四地稱臣了。然後他又採取了一系列比較過火的、激烈的措施，為自己稱帝做準備。他都採取了哪些措施呢？

五

元昊立國

西元1038年，李元昊正式稱帝，他就是夏景宗，
國號「白高大夏國」，後人稱之為「西夏」。
據史書記載，
李元昊總共用了整整六年時間，為建國稱帝做準備。
那麼為了稱帝，李元昊究竟都做了哪些特別的事情呢？
而得知李元昊稱帝的消息，北宋君臣又會有怎樣的反應呢？

李元昊繼承了父親的爵位之後，是鐵了心要跟宋朝分家單過了，在他繼位的第二年，就把年號改了，不再奉宋正朔。他積極做好一切獨立的準備，最關鍵的是內部的維穩。

李元昊繼位以後，「明號令，以兵法勒諸部」（《宋史》卷四百八十五）。採用軍事管理作風，用兵法來管理諸部，最愛幹的事就是打獵。游牧民族的皇帝為什麼都愛打獵？除了習俗、風氣使然，還起到一個軍事演習的作用。猛獸可能比敵人都要凶猛，所以殺活物練膽，也練軍事技能。史籍記載，打到獵物之後，李元昊與党項豪酋們，「則下馬環坐飲，割鮮而食，各問所見，擇取其長」（《宋史》卷四百八十五）。大家下馬圍坐一圈，沒有君臣上下、等級尊卑，一起喝酒。喝酒的時候元昊問大家，你們對國事有什麼意見？咱們的外交內政怎麼搞？大家提出的好意見他就採納。李元昊的這種統治，很有點兒古賢君之風。

要想內部穩定，首當其衝的是絕西顧之憂，徹底掃清河西走廊所有的反對勢力。李元昊在河西走廊早已擊潰甘州回鶻，回鶻可汗後來都不知所蹤，已經佔領了甘州、瓜州、沙州等很多地方。雖然瓜州王曹賢順的政權還在那兒苟延殘喘，但是滅亡是早晚的事了。一統河西走廊，李元昊最大的對手是誰呢？還是吐蕃人。潘羅支屬於吐蕃的六谷部，他死後，部眾星散，其中相當多的一部分就投奔了河湟吐蕃唃廝囉政權。

河湟吐蕃是以今天青海湟水為中心建立的一個政權，贊普名叫唃廝囉。唃廝囉是唐時吐蕃王國贊普的一脈，根紅苗正，天潢貴冑，不知道為什麼少年時代流落異鄉，十二歲的時候在新疆高昌被人發現。發現他的人一看他的血統如此高貴，覺得奇貨可居，就把唃廝囉帶到了河州，讓他在這個地方發展起來。對方一開始意欲挾贊普以令諸侯，把唃廝囉當一個傀儡。唃廝囉，吐蕃語的意思就是佛子，佛的兒子如何甘願為他人擺布？唃廝囉憑著自己高貴的出身、血統和出色的能力，很快就把想操縱他的人擺平了，以今天的青海湟水地方為核心，建立起擁有數十萬人口的一個政權。唃廝囉政權的強大，威脅著党項人的後方，臥榻之側，豈容他人鼾睡，李元昊必須在與宋朝徹底鬧掰之前，解決吐蕃唃廝囉。於是，李元昊再一次祭起戰旗，刀鋒直指唃廝囉。

唃廝囉政權統治中心在青唐城，就是今天青海省西寧市。李元昊要打青唐城必先佔領青唐城附近的一座要塞——貓牛城，有的史書中也記載為犛牛城。李元昊運籌帷幄，親派麾下大將蘇奴兒率兩萬五千人馬攻打貓牛城，實想劍之所指，擋者披靡。不料唃廝囉手下的吐蕃人不失先祖驍勇之氣，死守不退。你小小党項，當年乃是我吐蕃帝國的附庸，我雖然不似先祖那般叱吒風雲了，但打你還是沒問題的。兩軍對陣，蘇奴兒兩萬五千人被打得大敗，蘇奴兒本人也被俘了。李元昊大怒，我的大將率兩萬五千大軍本想攻城掠地，我們國家一共才有多少個兩萬五千人？現在居然大敗，連大將都被俘了。惱羞之餘，李元昊親率數萬大軍，再次圍攻貓牛城。

湟水夢魘

李元昊親自上陣，率領數萬大軍，對貓牛城展開了猛烈的攻勢，但是城內的軍民拼死抵抗，數度擊退李元昊大軍的進攻。雙方僵持了一個多月，李元昊的大軍也沒能攻陷貓牛城。那麼，惱羞成怒的李元昊還能有什麼攻城妙計呢？

李元昊一看，壞了，窩頭翻個兒——現大眼了，看來吐蕃人不像宋朝那麼好對付，打不下貓牛城，我回去之後怎麼跟族人交代？李元昊就跟貓牛城裏的守將講，我打算退兵，不打了，對不起，我錯了，你出來咱盟誓行嗎？折箭盟誓，以後我再也不興師討伐了。貓牛城的吐蕃守將可能很純樸，他覺得李元昊也應該這麼純樸，所以傻呼呼開了城門就出來了。他剛一出來，李元昊縱兵殺入貓牛城，把城裏的男女老少殺了個乾乾淨淨，貓牛城就被攻陷了。李元昊得意洋洋，我厲害吧？但是此地不能久待，這不是我們的老營，我們得趕緊回去。

党項回軍的路上，嗃廝囉派大將率十萬人馬截住了李元昊的去路。你以為這是旅館，想來就來，想走就走？來得去不得！李元昊的部下剛打了一場大勝仗，是殺過癮了，也搶過癮了，準備回去過好日子呢，軍心思歸，無意打仗。但吐蕃人意在一戰雪恥，戰鬥非常激烈，此時李元昊所部攜帶的糧草幾乎消耗殆盡，以至於供應不足，就發生了党項士兵潰逃的現象。党項兵逃至湟水河畔，湟水表面上水波不興，於是大家一窩蜂，爭先恐後往河裏跳，不料河裏水流湍急，暗流洶湧，党項士兵全被沖走，淹死了。此次作戰，先勝後敗，勝是以詐取勝，勝之不武，失敗卻是不折不扣的全軍覆滅。李元昊幾乎是僅一身免，狼狽而歸。李元昊越想越氣，我縱橫半生，從未失過手，只有與唃廝囉對陣是一敗再敗，兩次均是全軍覆沒，這口氣實在難以下嚥。稍事歇息之後，李元昊再一次興兵五六萬人攻打唃廝囉。

李元昊總結前次失敗教訓，以為皆因地理環境不熟導致，誰知道湟水哪兒深哪兒淺啊？此番我先派偵察兵下河探探，然後插上標誌。等我退軍的時候，就不會再像上次那樣悲慘了。唃廝囉大勝之後，絲毫沒有放鬆對李元昊的防範，嚴密守護自己的一畝三分地。党項兵測量河水深淺，並大插標誌，唃廝囉就接到報告了。他判斷党項兵明為發展科技創新農業實驗將水稻移植大河之中，實為測量我地理信息以備再戰之需。唃斯囉於是吩咐下去，不要打擾敵人的科技實驗，等他們實驗完了，夜裏咱們在他們的實驗成果之上進行二次革新。到了夜裏，唃廝囉的吐蕃兵就過去了，原本党項標示淺水的地方換置深水標誌，標示深水的地方置換淺水標誌，就地取材將標記整個兒換了。李元昊不明就裏，率大軍去進攻唃廝囉，待得雙方僵持，唃廝囉反攻，李元昊一退兵，又重演了前次那一幕，大軍紛紛撤至標示淺水實為深水之處，一跳下去，沒頂了，沖走了，只見君躍下，不見君上浮。這一次出兵，党項士兵在湟水淹死的又是十之八九，再次大敗。

湟水終成李元昊一生夢魘，終其一生，再也沒有與唃廝囉對陣廝殺。河湟吐蕃政權成為後來牽制李元昊的一支重要力量。

立國準備

李元昊雖然最終沒能消滅唃廝囉，佔領整個河西走廊，但卻也讓唃廝囉見識到了西夏勢力的強大，一時間不敢輕易招惹李元昊，於是一心想稱帝的李元昊暫時沒了西顧之憂。然而這並不是李元昊為了稱帝所做的唯一準備工作。那麼李元昊為了能稱帝，還做了哪些特別的事情呢？

李元昊開始大肆準備稱帝。首先，改姓名。我們家在唐朝姓李，在宋朝姓趙，本姓早已不知道是啥，據說是拓跋，現在全不要了，既不拓跋也不李，更不能是趙了，改姓嵬名。為什麼姓嵬名呢？有一種說法是，嵬名就是北魏皇族的元氏，音譯成党項語，就這麼發音。名字也改了，不叫元昊了，此乃漢名，現改名叫曩霄，嵬名曩霄。原來的姓氏一律作廢。

第二，頒布禿髮令。凡是党項統治區內的男子，一律要留党項人的髮型——禿髮，重環垂耳。男子要把頭頂的頭髮全剃掉，只留四邊，編成小辮垂下來，有點兒像日本戰國武士的髮型。另外，男子還要戴大耳環。李元昊下令三天之內，必須給我禿髮，如果過期不禿髮，保持漢族人髮型的，許眾人殺之。誰都可以宰了他，不光是官府殺你，老百姓也可以宰了你。

中國古代，衣冠髮型一直是民族存在的象徵，李元昊頒布禿髮令的意義是表示跟漢民族為主體的中原王朝一刀兩斷，我們有自己的特點，我們要走正路！為了表示跟走邪路的中原王朝相區別，我們每個人都留了一個很酷的髮型，而且重環垂耳。

第三，改服飾。我們不再穿戴宋朝的服飾了。李元昊穿什麼樣的衣服呢？很飄逸的窄長衫，戴氈帽，垂著紅穗，有點兒像明末李自成的裝扮。文官戴幞頭，武官穿鎧甲，文官持笏，武將佩劍。官員穿紅著紫，老百姓只能穿青、綠、黑色衣服，用以區別上下等級尊卑。

第四，建都城。將興州改名為興慶府，開始大興土木，修建殿宇、亭臺、樓閣、寺廟，開挖十丈寬的護城河。興慶府營造的模式完全仿效唐都長安和宋都開封，連城門名稱都學長安、開封的城門名字，也用光化門、南薰門等來命名。整個都城的營建完全是一個帝都的模式。

第五，立官制。中央設立了中書省、樞密院、三司、御史台等，完全跟宋朝一樣。這些官可以由漢人擔任，也可以由党項人擔任。仿效遼朝，一國兩制，凡是仿效中原的官職，漢人、党項人都可以擔任。党項傳統部落組織的官職，比如寧令、謨寧令等，只能由党項人擔任，也是因俗而治。

第六，改革禮樂制度。原來党項人沒有什麼禮樂制度，歸附唐朝之後，學習了唐朝的禮樂制度，比如見了首領要跪拜，也引進了全部五樂。李元昊說漢族的禮樂制度繁文縟節，以後大臣們見我，由九拜改為三拜，五樂變成一樂就夠了，沒必要吃飯奏一個，大典奏一個，祭祖再奏一個，咱就這一個，多省事啊。

最後，創設文字。我的新國家這麼強大，不能用漢字了，我要自創文字。於是李元昊找來党項第一大學者野利仁榮，先生您是我朝第一大學問家，咱們党項再找不著一個比您更有學問的人，時值党項建國之初，委託您一件重任，編制出党項的文字來，您看行不行？野利仁榮激動得不得了，沒問題，既然主公這麼看重我，給我幾年時間吧，我來創制文字，決不辜負組織的信任。他回去之後閉關修練，潛心三年，創制出西夏文字十二卷。一時元昊大喜，宣布改元，大赦天下，頒行全國，以後這些文字就是西夏的國字了，漢字是外文，這才是我們的國字。史籍記載，西夏文「字形體方整類八分，而畫頗重複」（《宋史》卷四百八十五）。野利仁榮造出來的西夏文乍一看很像漢字，仔細一看，一個不識得，沒有一個字跟漢字相同，基本上都是左右結構，很少有上下結構的。

今天在當年西夏統治的範圍內，北到內蒙古額濟納旗，南到寧夏同心，東到陝西，西到敦煌，出土了大量的党項文字，包括碑刻、壁畫、文書。党項文不但在西夏故地使用，還遠傳至漢族聚居的地方，比如杭州、北京、保定，甚至一直使用到明朝中期。

改革軍隊

在李元昊推行的一系列新政中，尤其以他對軍隊的改革最為奇特。根據史書記載，他甚至還專門設立了數個擁有不同職能的特殊部隊。那麼，李元昊究竟為什麼要設立這些特殊部隊呢？這些部隊又有什麼特殊之處呢？

李元昊的部隊有很多講究。最精銳的部隊叫鐵林軍，又叫鐵鷂子軍，其實就是重甲騎兵，類似於金朝的鐵浮屠、拐子馬。鐵林軍人數只有三千，是西夏用最好的戰馬、最精良的鎧甲組成的一支最精銳的部隊。跟金國的拐子馬不同的地方是，拐子馬是把三匹馬連在一起，而鐵林軍是把人和馬鎖在一起，你想下馬逃跑，沒門兒！這三千人，打起仗來有進無退，有死無生，只能往前衝。

除鐵林軍外，還有擒生軍。這支部隊有十萬人，是西夏人數最多的武裝力量。擒生軍顧名思義，就是上戰場抓俘虜，抓到俘虜之後經過思想改造，編入夏軍作戰；如果抓到老百姓就賣為奴隸，抓著當官的就跟宋朝勒索贖金。這十萬人就是專門幹這個的。

還有一支部隊，叫六班直，相當於李元昊的御林軍，全部由貴族子弟充任，大概五千多人，一共是六支。

人數最少的部隊叫潑喜軍，只有二百人，就是炮兵，任務就是操縱拋石機，攻城的時候就該他們大顯身手了。

李元昊最具發明創造意義的是編練了一支叫撞令郎的部隊，這支部隊的人數高達十多萬，全部由俘虜組成。打起仗來讓撞令郎先上，減少党項士兵的傷亡，因為你們本來就是俘虜，命不值錢。

戒台稱帝

李元昊從繼位開始，用了整整六年時間，清除內憂外患，改革政治軍事制度，為自己稱帝做了一系列的準備工作。但是就在李元昊即將正式稱帝的關鍵時刻，突然有人站了出來，堅決反對李元昊稱帝。那麼，是誰膽敢公然反對李元昊稱帝呢？

李元昊的母親衛慕氏和舅舅山遇惟亮，反對李元昊稱帝。山遇惟亮在李元昊的父親李德明時代，就是非常有名的一個大臣，跟著李德明鞍前馬後，執掌軍政大權，在党項境內勢力很大。李元昊本來就瞅著舅舅不順眼，覺得對自己構成威脅。現在，山遇惟亮還勸李元昊，說你不要跟宋朝打仗，你一跟宋朝打仗，一兩年之內，咱們的日子就沒法過了，必然困頓。所以我勸你謹守藩臣之禮，接受宋朝的賞賜，咱們這日子過得好好的，幹嘛要跟宋朝翻臉呢？元昊一聽，我舅舅太該死了，我得宰了他！但我怎麼宰我舅舅呢？我須得找個藉口，不能跟大臣說，我舅舅勸我不要造反，該殺，我這麼仁義的一個主公，這不合適。怎麼辦呢？元昊就把舅舅的從弟、他另一個舅舅找來，讓他出面告發山遇惟亮謀反。人家是哥兒倆，所以這個人趕緊去告訴山遇，主公要殺你，讓我出手告你謀反。山遇一聽，一身冷汗，怎麼辦？三十六計走為上，能跑哪兒去？只能跑到宋朝。山遇惟亮帶著元昊要稱帝的絕密情報逃到宋朝，宋朝邊境的知州一看，党項這麼大幹部來要求政治避難了？咱可不能接收。咱要一接收，不就逼反李元昊了嗎？所以，你跟我說什麼我都不信，你就是告訴我李元昊造反我也不信，你來了是麻煩，趕緊送還給李元昊。於是宋軍邊將把山遇一家二十多口子，捆巴起來送還給李元昊了。這個人您認得嗎？李元昊太認得了，燒成灰也認得！這下不用找藉口了，山遇惟亮竟然叛國投敵，這可是死催的，全國上下有目共睹。元昊把舅舅綁在樹上，射鬼箭，游牧民族都有這種風俗，大家亂箭把山遇父子射死。

舅舅和表弟都被幹掉了，李元昊接下來想，是不是應該把我媽也幹掉呢？越想越覺得太應該了，於是派人把親生母親給毒死了。毒死母親之後又琢磨，我有一個妃子衛慕氏，也是我表姐，是不是也該弄死呢？而且不光把這個妃子弄死，還得把衛慕氏一族殺光，斬草不除根哪行？元昊剛要去弄死衛慕氏，宮人來報，她有身孕了。元昊一聽，這怎麼著也是我的骨肉，那等生完孩子再弄死她吧，衛慕氏於是被軟禁起來。衛慕氏心真大，都到這份兒上了，也沒抑鬱，孩子順順當當就生下來了。這時，元昊的寵妃、後來被他立為皇后的野利氏，也生了孩子，衛慕氏生的這個孩子的價值和地位在元昊眼中自然就大大下降。本來他想，既然她生了孩子，怎麼著也是我的骨肉，我就饒她母子一命吧。野利氏在旁邊說，這孩子長得可不像你，特別像××大臣。元昊一聽，你還敢給我戴綠帽子？於是立即下令把衛慕氏和剛出生不久的孩子投入黃河，活活淹死了。

這個時候，所有擋道的人都死了，元昊覺得當皇帝是板上釘釘的了，這把癮一定要過。於是，西元一〇三八年十月的一天，用他的年號叫大慶三年，李元昊在大臣的簇擁下，於興慶府南郊戒台寺祭拜天地，登上皇帝寶座，正式稱帝了。他給自己上尊號叫大夏世祖始文本武興法建禮仁孝皇帝；國名正式定為白高大夏國，簡稱就是大夏，因為它在宋和遼西邊，所以宋遼兩國管它叫西夏，党項語的發音叫邦尼定國，他給宋朝上表的時候，都是寫邦尼定國如何如何；然後尊爺爺繼遷為太祖，父親德明為太宗，表示在我爺爺那一輩我們就已經建國了。李元昊死後廟號是景宗，皇帝的廟號是「開國稱祖，守成稱宗」，元昊是西夏第一個皇帝，但他不是祖而是宗，就是因為他認為從爺爺那輩他們就建國了。

宋廷謀議

西元一〇三八年，李元昊稱帝，史稱「西夏景宗」，而此時北宋的統治者是宋仁宗。得知李元昊稱帝的消息，北宋君臣會有怎樣的反應呢？

李元昊正式稱帝之後，心裏就想，我現在已然是皇上了，得通知宋朝一聲。於是李元昊給宋朝上了一道言辭特別懇切的表文，叫《於宋請稱帝改元表》，主要內容就是我想當皇帝，要改元了，通知你一聲。《宋史》卷四百八十五記載，李元昊明確跟宋朝皇帝表示，「稱王則不喜，朝帝則是從」。我不喜歡稱王，我要當皇帝，我告訴你宋朝我已經當皇帝了。「伏望皇帝陛下，睿哲成人，寬慈及物，許以西郊之地，冊為南面之君。」我希望你把西郊之地給我，冊我為南面之君。如果你這樣做，「敢竭愚庸，常敦歡好。魚來雁往，任傳鄰國之音；地久天長，永鎮邊方之患。至誠瀝懇，仰俟帝俞」。你要是同意我當皇帝，那咱兩國常敦歡好，書信往來肯定斷不了，朝貢也斷不了。你冊封我當皇帝我就不打你了，這樣邊防上不就沒有什麼禍患了嗎？我言辭懇切給你上表，希望你能允許。

宋朝君臣上下看到元昊來書，如晴天霹靂。這小子居然當皇帝了，這是我們萬萬不能接受的。西夏跟遼可不一樣，遼國什麼時候有的皇帝？比我們大宋早了四十多年，要是這麼論的話，人家是哥哥，我們是弟弟。所以澶淵之盟，他尊我為兄，我很滿足。你李元昊，一百年前找得著你們家嗎？你們原來就是一個地方小豪酋，一直是我朝節度使，我冊你為王爵，已屬恩比天高了，你居然還敢僭號稱帝，背叛大宋，這是我們絕對不能接受的。宋朝君臣討論，西夏獨立了，怎麼辦？大臣們都說，元昊小丑，怕什麼？天兵一到，雞犬不留，定期殄滅，只要咱們一出兵，他立刻就完蛋。

此時此刻，只有一位大臣比較清醒，告訴群臣說，元昊已經稱帝了，他取消帝號是斷不可能了，他如不取消帝號就只能大軍進討，可咱們現在沒有做好進討的準備。皇帝陛下您，比太祖太宗如何？咱們現在的士兵，跟當年太祖太宗混一天下時候的兵相比，戰鬥力如何？現在的大將，跟太祖太宗時期的名將相比，又如何？而現在李元昊的勢力比起他爸爸李德明、爺爺李繼遷時期，又如何？那個時候明君名將強兵都收拾不了弱小的李繼遷，現在形勢完全反過來了，您怎麼就覺得出兵一定能打贏呢？所以不如李元昊愛叫啥就叫啥吧，咱們先別理他，先積聚力量，採取守勢，等把力量攢足了，再採取攻勢，當年太祖爺平定江南也是這麼幹的。這個人說完之後，群臣哄堂大笑，書呆子，迂腐，不知兵。宰相說你是不是腦子有毛病，你今天就不該來上朝，回家休息去吧。大軍只要一出動，滅元昊還是個事嗎？

陝西經略安撫使夏竦雖是文官，但文武全才，軍政大權一把抓，縱觀時事，馬上在邊境貼出告示，告訴夏國境內我大宋的忠良臣民，也不知道他怎麼就斷定夏國的境內有大宋的忠良臣民，凡是有人能擒殺李元昊，獻元昊首級來降者，賞五百萬貫錢，封西平王。元昊知道後哈哈一笑，派自己手下的一個武功比較高的人，化裝成挑夫，把宋朝冊封給他們家的官印、任命狀，包了一包，送到宋朝邊境最近的州衙門口，往地上一擱，這個人就失蹤了。衙門口的守兵打開一看，裏面是宋朝給元昊的官印、任命狀，人家給送回來了，還有一張布告。布告上寫著，有得夏竦首級來獻者，賞錢兩貫，你就值這個錢，我根本就沒拿你當回事。元昊為什麼不拿夏竦當回事呢？戰爭爆發之後，夏竦又有什麼樣的表現呢？

六

延州之戰

西元1040年，李元昊親率數十萬大軍，
越過西夏和北宋的邊境，直接進攻延州城，
也就是今天的陝西延安，揭開了兩國戰爭的序幕。
那麼延州為什麼會成為李元昊的第一個進攻目標？
而只有數百人防守的延州城，
為什麼能抵擋得住數十萬的西夏大軍？

李元昊稱帝建國，退還了宋朝賜給他的璽印和詔書，公開跟宋朝分庭抗禮。元昊敢這麼做，除了有堅實的軍事後盾，武裝力量強大之外，還因為他有一個幾乎完全由漢人組成的智囊團，元昊對這些人言聽計從。元昊立國之初，主謀議的大謀士有六個人，裏邊除了一個是党項人，剩下五個都是漢人。宋朝人講：「元昊早蓄奸險，務收豪傑。故不第舉子數人自投於彼。元昊或授以將帥，或任之公卿，倚為謀主。」（《續資治通鑑》卷四十二）元昊這個人早琢磨著反我大宋，我們宋朝科舉落第的人一投奔他，他就都收留下來，或授以將帥，或任為公卿，由他們來出謀畫策。這幫落第的舉子，不自責自己學習成績不好，反而憎惡科舉制度，認為國家沒給他施展才華的機會。既然國家不給我施展才華的機會，那我就到敵國去施展才華。這一幕在中原王朝跟邊疆各族的戰爭當中一而再、再而三上演，無論是遼、金、西夏，還是後來的元朝、清朝，立國之初，主謀議的大多數都是在中原不得志的漢族書生。

元昊的漢族謀士裏最有名的是兩個人，一個叫張元，一個叫吳昊，兩個人的名字正好湊成「元昊」二字。史籍記載：「華州有二生張、吳者，俱困場屋，薄遊不得志，聞元昊有意窺中國，遂叛往，以策干之，元昊大悅，日尊寵用事，凡夏人立國規模，入寇方略，多二人教之。」（《宋史紀事本末》卷三十）這兩人科舉不第，聽說元昊有意背叛大宋，哥兒倆就跑過去投靠，告訴元昊應該怎麼跟中原人打仗。元昊對這兩人十分尊崇，夏國立國的規模、入寇的方略都是這兩人教的。

史籍記載，張元任俠好事，愛打抱不平，自視甚高，但屢屢科舉不第。這樣一個雄心萬丈的人，老考不上，憤懣之情焉得長久強壓不發？

有一年華州的河裏出了一條大蛇，這條蛇數丈長，水桶般粗細，經常趴在橋墩上把頭伸到河裏去喝水，嚇得老百姓不敢從橋上過。張元喝了幾杯，酒壯英雄膽，上了橋，抱起一塊大石頭往下一扔，正好砸中蛇腦袋，蛇掉到河裏，被砸死了，血流了幾里地遠，老百姓這才敢過橋了。大家一看，張元太厲害了，連蛇精都敢砸死，這個人不好惹。

張元還特別喜歡在夜深人靜、黑燈瞎火的時候，去深山老林裏，不知道是不是為了練膽。他吹著鐵笛行進，攔路的強盜一聽鐵笛聲，知道是大俠張元來了，咱趕緊躲開，別惹他。張元跟吳昊及另一個不第的士子朋友，三個人整天在一起飲酒賦詩，抒發心中的不平之氣。張元曾經寫過一首詠雪的詩：「五丁仗劍決雲霓，直取銀河下帝畿，戰死玉龍三十萬，敗鱗風捲滿天飛。」（《容齋三筆》卷十一）豪情躍然紙上，天下之大捨我其誰的感覺。哥兒仨都覺得咱仨這麼大本事，科舉考試卻老考不上，看來文試不是咱們出人頭地的機會。來文的不行，咱就來武的吧，正值國家有難，用人之際，咱們到邊塞投軍，報效朝廷。於是，三個人就到了邊疆。

三人見到邊帥之後，說明來意。邊帥一看，三個布衣老百姓，自稱滿腹經綸，這種人我見得太多了。你們說你們有本事，我朝官員出身正途就是科舉，你連這敲門磚都沒有，讓我任用你，我怎麼任用？不符合組織選拔幹部的政策啊！邊帥好言相勸一番，管了頓飯，走吧你們。三人出門就琢磨，下一步怎麼辦？張元、吳昊一跺腳，此處不留爺，自有留爺處。哪兒的黃土不埋人？既然我們想報效朝廷，朝廷不用，我們就報效那邊的朝廷去！哥兒倆上馬走了。他們的朋友不忍背棄祖國，一看張元、吳昊跑了，趕緊去見邊帥，將軍你看，我們三人來投效你，你不用我們，他倆就跑到党項去了，他倆滿腹經綸，如果為元昊所用，必為我朝之患，將軍你當趕緊派兵去追。將軍翻了翻白眼，明兒天亮再追吧，大宋每年跑的這種人，海了去了，沒見哪個是元昊的座上賓，都被元昊所用，元昊那屋裏還擱得下人嗎？跑就跑唄，明兒天亮再追。也有記載邊帥派了騎兵，三心二意地追了一下，可能出去遛了遛馬就回來了。這個朋友留了下來，做了邊帥的幕僚，當個師爺文案之類的。張元、吳昊兩人跑到了西夏國中，一直到了西夏的首都興慶府。

左膀右臂

張元、吳昊雖然到了興慶府，可是二人在當地舉目無親，誰也不認識，要想結識西夏國的高官，投靠西夏朝廷，談何容易？那麼究竟是什麼機緣巧合，讓張元、吳昊見到了西夏國主李元昊的呢？

哥兒倆想了一招，天天到一家豪華酒樓去喝酒，喝完酒之後高談闊論。萬一有西夏的高官來這兒喝酒、娛樂，聽見了我們的談論，覺得我倆有才能，就會把我們推薦給元昊，那多好啊！他們天天在這酒樓上嘚啵，聊了一個多月，也沒有一個高官見到他倆。兜兒裏沒錢了，這麼高檔的酒樓天天來可來不起，一次兩人酒後憤懣不已，提起筆來在牆上寫了一行大字：張元、吳昊來飲此樓。把筆一扔，哥兒倆接著喝。這回撞上大運了，沒有高官發現，被便衣發現了。便衣一看，張元、吳昊？這裏面「元昊」二字是我們皇上的名字，西夏國中誰敢寫皇上名字，這兩狂生竟然敢寫。便衣上去就把他倆捆了，捆了之後，陰差陽錯，就給送到元昊那兒去了。哥兒倆待了這麼長時間都沒見著元昊，這下見著了。

元昊一聽說有人寫他的名字，覺得很好奇。誰這麼大膽？我真沒見過這麼有種的人。元昊就問他們，朕名叫元昊，你們在牆上寫張元、吳昊，為什麼不知道避諱？兩個人雖然被捆得跟粽子似的，但是衣著光鮮，一表人才，不卑不亢。張元說你連姓什麼都不在乎，在乎名幹嘛？你有幾個姓你數得過來嗎？拓跋、李，然後趙，現在嵬名，數得過來嗎？元昊一聽，服了，得罪先生，趕緊起身下座，親自解繩鬆綁。元昊說，先生遠來，必有教於我。你們來大夏，肯定是想為我大夏出謀劃策，要教我點啥吧？張元、吳昊說，對了，就是來教你的，遇上我們你算是走運了。兩個人雖然是書生，但跟元昊一談軍國大事，天下形勝、兵要地志、山川地理，瞭若指掌。可能科舉考試不考這個，所以兩個人老是科場不第。史籍記載，他們倆「常勸元昊取陝右地，據關輔形勝，東向而爭，更結契丹兵，時窺河北，使中國一身二疾，勢難支矣」（《西夏書事》卷十七）。他倆告訴元昊，取陝右之地，佔領長安、潼關、崤山、函谷關，據有關輔形勝之地，然後聯繫契丹，讓契丹在河北動手，我們在陝西動手，使中國一身二疾，勢難支矣。這兩人給元昊出的主意，可以講都是見血封喉的毒招，元昊聽了兩人的話，大為高興，非常信任他們，待為上賓。後來張元在西夏做到太師、中書令兼尚書令、國相這樣的高官，而且名字一直叫張元，也沒為避李元昊的諱而改名，不像李元昊的祖宗為避諱頻繁改名。元昊領兵伐宋，主要是他們出的主意，特別是張元。吳昊的事蹟，史籍上沒有太多記載。

張元、吳昊投了西夏，給元昊出謀劃策，宋朝邊帥知道消息後，也很後悔。這兩人果然有才，當初要聽了他們朋友的話，把他們追回來，給他們個八九品小官做，不也就沒這個事了嗎？宋朝先是籠絡張、吳的家人，歲賜錢米，還讓張元的弟弟和侄子當了官，希望張元、吳昊回心轉意。這根本不可能，張元回到宋朝能做「太師、中書令兼尚書令、國相」嗎？顯然不行。那我為什麼要回去呢？宋朝一看軟的不行，就來硬的吧，把張元、吳昊的家人軟禁起來了，希望有朝一日還能把張、吳二人給誘惑回來。沒想到，元昊派人偽裝成宋朝的使者，拿著偽造的詔令，到了關押地點，我們奉上命把他們帶走。上了馬車之後，一路狂奔，奔邊境絕塵而去。沿途的地方官員覺得可疑，但不敢質問，因為人家拿著詔令來的，誰也不敢懷疑這個詔令是假的。馬車一路奔西夏去了，衝過邊境。西夏那邊，快馬輕車都安排好了，鼓樂喧天，迎接張、吳二人的家人。宋朝這邊知道上當了，但為時已晚，總不能越境把張、吳二人的家人抓回來吧。張、吳二人從此更是死心塌地歸附元昊，為元昊出謀劃策，運籌帷幄，跟宋朝作戰。

計賺金明寨

在張元、吳昊的鼓動下，西元一〇四〇年，李元昊親率數十萬大軍，越過西夏和北宋的邊境，直接進攻延州城，也就是今天的陝西延安。那麼，李元昊為什麼偏偏選中延州作為第一個進攻目標？延州城究竟有什麼特別之處呢？

元昊拿定主意要打延州。延州，就是今天陝西延安，此地大道坦途，攻進去之後，就可以南下控制關右之地。

宋朝當時在陝西有兩位主要負責人，一位就是前面提到的夏竦，還有一位是延州知州范雍，兩位都兼本路的經略安撫使，軍政第一把手。

延州守將范雍是個老夫子，這個人是典型的文官，不通兵事，「為治尚恕，好謀而少成」（《宋史．范雍傳》）。他馭下比較寬泛，主意比較多，但是不拍板，優柔寡斷，太平時節做個清閒的官還可以，國家危難的時候，讓他這號人獨當一面，他不是這塊材料。當然此人「頗知人，喜薦士，後多至公卿者」（《宋史．范雍傳》），他是個好伯樂，善於推薦別人。北宋名將狄青做小校的時候犯法，論律當斬，就是范雍給保下來的，後來成為一代名將。他就能幹點兒這個，給朝廷推薦個人才，出點兒主意，當個參謀、顧問。把守邊疆當大軍區司令員以禦外敵，他不是這塊材料，這個人好對付。

夏竦雖然也是文官，但是比起范雍來不太好對付，因為夏竦極富才幹，是一個能吏、幹吏。元昊謀劃既定，攻昧兼弱，旌旗所指，延州范雍。欲得延州必先攻破一個特別重要的城堡，叫金明寨，不破金明寨，延州無從談起。金明寨守將李士彬，党項人，跟元昊同族，但是跟元昊的部族有仇，不知道是祖上結的仇，還是李士彬這輩結的仇。李士彬非常會打仗，外號鐵壁相公。我守金明寨，銅牆鐵壁，你們誰也甭想來。據說李士彬麾下十萬之眾，包括他招募的党項人、羌人、吐蕃、回鶻民兵。有鐵壁相公防守金明寨，一時攻不進去。

怎麼對付李士彬呢？元昊三十六計使了個遍都沒用，其中最逗的就是用反間計。低劣到什麼程度呢？無須熟讀兵書，三韜六略，一眼就能識破。元昊派細作帶著官服和書信故意丟在路上，讓宋朝人撿拾，說官服是賜給李士彬的，書信是李士彬跟他暗通款曲，李士彬要投降他，他封李士彬為官，云云。范雍不會打仗，但很會識人，看了這封信之後哈哈大笑。元昊太低劣了，會不會玩反間計啊？李士彬跟你有仇，不可能投降，就算他真要投降，也得暗地裏進行，哪兒能這麼大張旗鼓地，還把信丟在地上，唯恐別人不知道？元昊一看反間計不行，只好接著想，哎，有一招能置他於死地，驕兵計！元昊頻繁到李士彬那兒去挑釁，今天去萬把來人，明天去兩三萬人，只要李士彬一出戰，西夏軍就敗退，而且到處嚷嚷，我們最怕鐵壁相公，看到鐵壁相公的旗幟我們轉頭就跑，我們根本不敢跟鐵壁相公打仗。李士彬到這個時候，眼睛就高過腦頂了。你看見沒有，西夏就怕我，我太厲害了，我太偉大了，沒有人能跟我相比。他對待士卒很苛刻，有的時候甚至克扣點兒糧餉，刑罰比較重，抽兩鞭子、給幾棍子這種事時有發生，士卒頗多怨言。更有甚者，李元昊派出大量党項士兵去投奔李士彬，說您鐵壁相公太厲害，跟您打仗我肯定跑不了，只得投降，晚降不如早降，咱都是党項族，您不能不收留我吧。李士彬自己作不了主，我的天哪，這麼多俘虜，快跟我金明寨守軍一樣多了，我自己都不知道，我有什麼本事能抓這麼多俘虜，看他們能跑的也不跑，在地上呼啦啦跪倒一片，這是什麼意思？我得報給安撫使大人知道。

於是，李士彬就報給了范雍。范大人，這麼多党項兵投降，您看怎麼處理？范雍這個人很能識人，但那是對內識自己人，對外就不行了，尤其一涉及軍事就更不行了。范雍說，這麼多党項人來降，正是以夷攻夷的時候，下回打仗，你讓党項人打党項人，這多好。一律收留，你看哪個寨缺兵就把他們派到哪個寨去。李士彬不敢違抗，再加上他這個時候也是眼高過頂了，立刻照辦。哪個寨缺人手就把党項降卒安排到哪個寨，一下子幾萬顆定時炸彈就埋好了。元昊一看萬事俱備，挑了一個月黑風高之夜，對李士彬發動了猛攻，各寨的党項「降卒」們，馬上殺死宋朝守兵，凡是有党項「降卒」的堡寨，通通被西夏軍佔領了。李士彬身邊的好多士卒，因為對他不滿，也早已暗地裏歸降了元昊。夜裏李元昊大軍來攻，李士彬匆忙披掛上馬，因為黑燈瞎火，一時不查，被元昊收買的隨從給了他一匹斷了韁繩的弱馬。他上馬跟夏軍交戰，兩三個回合不到，父子就雙雙被擒殺，金明寨十萬大軍灰飛煙滅。

大戰三川口

金明寨被西夏大軍攻陷之後，李元昊馬上下令大軍全力進攻延州，而延州此時只有數百人防守，簡直就是一座空城，根本不可能抵擋得住來勢洶洶的西夏大軍。那麼在這個危急時刻，延州知州范雍會怎麼辦呢？

范雍急忙向朝廷告急，但遠水解不了近渴，所以調動陝西境內各路兵馬來援。兩位兵馬副總管，劉平和石元孫，帶著兩員大將黃德和與郭遵，以及其他幾位將領，率五萬大軍，晝夜兼程，來援延州。

正當宋朝大軍在夜裏舉著火把行進到離延州城幾十里地的時候，迎面過來一名急腳子（就是傳令兵）。急腳子翻身下馬，參見劉平和石元孫，跟他們講，范太尉在延州城等待二位將軍，但是將軍兵馬太多，延州城小，容納不了，請將軍把兵馬分撥，一撥一撥進城。劉平和石元孫黑燈瞎火，不辨真偽，也沒檢查對方的身分證件，一聽這話，兩人就下了馬，坐在行軍椅上調撥軍隊。一隊開拔，走出五里，再調另一隊，幾個時辰之後就調出去五十隊了。幾百人一隊，這可就調出去幾萬人了。五十隊都出去了之後，倆人想找急腳子問個話，一轉身，急腳子沒影了。兩人大驚失色，壞了，這是西夏奸細，咱中計了。他們趕緊派人去追前面出發的兵，去看看延州城有什麼動靜。這時候離延州城還有幾十里地，一會兒流星快馬回來報告，說延州城內毫無動靜，城上也並無燈火，您發下的那五十隊兵走得沒影了，不知道去哪兒了。兩個人一聽，這下壞了，他們走哪兒去了，是不是都走到元昊戰俘營裏去了？幾員大將合兵一處，湊了一萬多人，趕往延州。

行至三川口（此地為三條河交匯之處，所以叫三川口），宋軍一看，西夏國主李元昊親率十萬大軍在河邊擺好一個偃月陣，已經嚴陣以待。劉平、石元孫急忙下令所部擺陣迎敵。宋軍只有一萬多人，兵力只相當於夏國的八九分之一，但也擺好了偃月陣。雙方隊形擺好之後，夏軍主動渡河，發起進攻，宋軍就衝上去激戰，殺掉了七百多夏軍，夏軍就往後退。夏軍一退，宋軍就發動了主動進攻。古代打仗就是這樣，兵來將擋，水來土掩，你進攻，我防禦，打退之後我就揮師進攻，不給你喘息的機會。宋將郭遵率領騎兵一馬當先，衝到夏軍的陣營當中。郭遵將軍天生虎膽，手中用的鐵鐧、大槍都重達九十餘斤。但是夏軍人數太多，都用盾牌護住自己的身體，宋騎兵衝過去，衝不進夏軍的大陣，只好退回來，雙方打成了混戰。

元昊故意讓老弱的夏軍去投降，丟棄一些馬駝物資，讓宋軍產生驕傲心理。在這個激戰的時刻，宋軍士兵一看，有党項人跪在地上投降了，再看那兒有一匹馬、那兒有一匹駱駝，就忙著抓俘虜，牽馬拉駱駝。看到夏國士兵伏屍一地，就忙著去割敵人的首級，擁到劉平面前請賞。大帥，我砍了三人，您給錢吧！我繳獲一匹馬，我抓獲五個俘虜，請賞！劉平說，現在激戰當中，咱顧不上這個，我上哪兒給你們弄錢去。咱現在是保命，你們各部先記下功勞，破賊之後必有重賞。這個時候，有的宋兵就不樂意了。宋軍在中國歷史上很特殊，是完全職業化的一支軍隊，實行募兵制。我當兵打仗就是為了掙工資養家，所以我在戰場上立功，我應該得獎金。士兵看到不給獎金，戰鬥的勁頭就不像剛才那般勇猛了，而是洩下來一點兒。當然這個時候宋軍的戰鬥力還是很強的，特別是先鋒郭遵，勇猛無敵。渡河向夏軍猛攻的時候，夏國的先鋒上來挑戰，郭遵掄起手中九十斤重的鐵鐧，一鐧就把夏國的先鋒砸了個腦漿迸裂。雙方士兵都驚呼，我的天，整個一戰神！加上宋軍也是久經戰陣，一時與夏國的部隊打得難解難分。

大敗援延宋軍

雖然西夏軍來勢洶洶，但是宋軍拼死殺敵，所以一時間也難分勝負。然而就在兩軍激戰的關鍵時刻，一個突發事件直接導致了宋軍的潰敗，這是怎麼回事呢？

在這個時候，西夏軍鳴金，收兵退去，整好隊伍以待再次進攻，宋軍也稍退，整頓之後好再次迎敵。本來，兩軍戰場上激戰，在呈膠著狀態的時候鳴金退兵，整頓好隊伍，排列成陣以待再次戰鬥，是再正常不過的事，但宋將黃德和看到前軍退卻，心生怯意，他本來就在後隊，郭遵、劉平、石元孫這幾員名將在前面玩命。劉平身為軍隊最高統帥，耳朵、肩膀、面頰都被夏國士兵用箭射傷，血流滿面，裹傷再戰。黃德和本來是後隊，也沒受傷，可他一看宋軍退卻，心說壞了，我軍敗了，上馬就跑。他這一跑，士兵不明真相，真以為宋軍敗了，都跟著跑。前邊的士兵正準備跟夏軍激戰，一看後面跑了，就亂了營了。劉平萬分焦急，值此緊要關頭，己方陣營竟然亂了，於是趕緊讓自己的兒子去追黃德和。

劉平的兒子追上黃德和，勒住他的馬頭，對他講，現在正是最緊要關頭，萬望將軍勒兵回擊，併力擊賊，千萬不要逃跑。否則你回去之後，也沒法交代，咱不死於陣前就死於軍法，如果咱們大傢伙齊心協力、同仇敵愾和西夏軍玩命，咱們還有生還的可能，你這一跑，全軍必然喪生於此。黃德和不聽，縱馬繼續跑，士兵們也不知道發生了什麼，反正主帥跑了我們就跑，完全是一種從眾心理。劉平急忙命令自己的親軍上去攔截，史書記載，劉平手下一個親軍「杖劍遮留士卒，得千餘人。轉鬥三日，賊退還水東」（《宋史·劉平傳》）。劉平的一名親軍拔出寶劍，擋住潰卒，但只攔住了一千多人。但就這千把來人的宋軍還是跟夏軍激戰了三天，夏兵退回去了，可見宋軍的戰鬥力並不弱。郭遵將軍更是抱定必死之心，一次一次出入敵陣，此情此景，足以媲美趙子龍長阪坡七進七出，大槍九十多斤重，擋者必死。郭將軍一手持槍，一手持鐧，兩隻手掄著一百八十斤的兵器，加上將軍的體重、戰馬的慣性，這掄圓了一來，夏國將士沒人敢擋。夏軍就用絆馬索攔他，但每一道絆馬索都被郭遵砍斷。最後夏軍只好讓開一條路，您隨便來，我們不攔著。郭遵知道自己必死無疑，抱定決心，死前我殺一個夠本兒，殺兩個賺一個。一見夏軍讓開路，他直奔夏國中軍殺過去了。夏軍埋伏了弓箭手，萬箭齊發，任你再大的本事，幾千弓箭手攢射，還有生還的可能嗎？悲哉！壯哉！郭遵將軍英勇殉國。郭遵死後，朝廷十分惋惜，追贈官爵。宋朝的仁宗皇帝，親自給郭遵的幾個兒子起名，皇上給你起名，給你排家譜的行輩字，無上的榮耀。

此役郭遵既死，黃德和又跑了，宋軍基本上是大勢已去。劉平率部且戰且走，在山前立木柵欄，列陣抵抗西夏軍。西夏軍分兵進攻，將劉平、石元孫所部一分為二。西夏軍將宋軍團團包圍，燈籠火把照如白晝，高聲喊叫，你們就這點兒人了，還打什麼？投降算了。宋軍反唇相譏，等援軍一到，叫你等死無葬身之地。可惜的是，援軍一直沒到，最後宋軍的營寨被夏軍攻破，劉平、石元孫兩人氣力耗盡，戰馬都累死了，力戰被俘。

劉平被俘之後，逃回去的黃德和惡人先告狀，說此番大敗皆因劉平率眾逃跑。朝廷聞訊大怒，立刻派禁軍包圍劉平府邸。但真相就是真相，事實就是事實，你黃德和一張嘴能頂得過千百人的嘴嗎？有逃回來的兵將向朝廷講明了真相，是黃德和臨陣脫逃的，劉平力竭捐軀了。朝廷馬上下令，黃德和臨陣脫逃，法當從嚴，處以腰斬，首級掛在延州城牆上示眾。然後，朝廷厚贈劉平全家。不久，從夏國傳來消息，劉將軍沒死，被俘虜了，現在元昊一直在招降他，也沒說劉平是降還是沒降，反正一直在元昊那兒，好吃好喝地供養起來，弄不好當了顧問。但是朝廷也不便深究，因為畢竟劉平為國家死戰一場，沒功勞也有苦勞，沒苦勞還有疲勞，雖然兵敗被俘，但他已經盡到自己的責任了，朝廷對劉平一家還是十分厚待。

天意不與

西夏軍大敗前來援救延州的宋軍後，一路殺到延州城下，把延州城圍了個水洩不通。可是根據史書記載，最後李元昊還是沒能攻下延州這座空城，這是為什麼呢？

元昊把宋朝這一路大軍消滅，本來要進攻延州。此時延州空城一座，要打下來易如反掌。范老夫子唯一能做的事就是跑到山上廟裏燒香，求神佛顯靈，降下天兵天將打退西夏兵。還別說，老夫子的祈禱應驗了，老天爺真顯靈了！天降大雪，道路難行。俗話說殺人一萬，自損三千，元昊雖然打了個大勝仗，但自己損失也很大，何況他死的肯定不止三千人，光郭遵將軍就弄死了多少人？殲滅宋朝這麼一股生力軍，他的士卒也已疲憊，而且天降大雪，道路難行。延州是宋朝西北邊防要塞，城牆堅厚，護城河寬闊，當然這時候可能也凍上了。他並不知道延州是一座空城，所以他覺得一時半會兒打不下來，再加上糧草補給不濟……綜上所述，元昊決定撤軍了。范老夫子長出一口氣，祈禱真靈，這事下次還能幹。

三川口一戰，延州雖然沒有丟失，但是范老夫子難辭其咎，朝廷就把他貶官了，以後西北這個地方你就不要混了。這一場大仗下來，宋朝領受了元昊的厲害，啟用了兩位名臣來輔佐夏竦，主持西北兵事。這兩位名臣一到任，勢不可免與元昊又爆發了新的大戰。這兩位名臣姓甚名誰？新的大戰勝負又如何呢？

七

元昊南侵

說起范仲淹，
人們很容易想到他「先天下之憂而憂，後天下之樂而樂」的千古佳句和一腔愛國豪情，
但卻少有人知，
時年五十二歲的范仲淹，曾經領兵鎮守西北邊陲，抵禦西夏大軍的進攻。
身為一介文人，范仲淹是如何領兵打仗的？
在宋夏交戰的前線，他又會有怎樣的表現呢？

西夏國主李元昊興兵攻擊宋朝，三川口之戰，宋軍全軍覆沒，主帥被俘。經此一役，作為西北地方的最高軍政長官，范雍被革職調往內地，夏竦接替了他的職務。朝廷又派了兩位名臣來到西北做夏竦的副手，也就是陝西的經略安撫副使，各負責一路，輔佐夏竦。

這兩位名臣不光是在宋朝，乃至在中國歷史上都是赫赫有名的人物：一位是范仲淹，大家應該相當熟悉，「先天下之憂而憂，後天下之樂而樂」的范文正公；另一位是韓琦，後來南宋權相韓侂胄北伐失敗，腦袋被送到金廷謝罪，這韓侂胄就是韓琦的後人，他的首級就被金帝下旨埋葬在韓琦的墓側。

韓琦和范仲淹雖然均為儒臣，但絕非那種不知兵的書呆子。兩個人到西北之後總結經驗教訓，為什麼上次敗於西夏？范仲淹首先發現了一個重要問題。按照宋朝軍制，當多大的官就可以領多少兵，宋朝地方最高編制是路，一路的軍事長官叫都部署，後來為了避宋英宗的諱，改名叫都總管，但這是文官。副都部署或者副都總管是武將，可以領一萬兵；都部署或者都總管下面一級的軍官叫鈐轄，可以領五千兵；再往下叫都監，可以領三千兵。打仗的時候，官小的先出戰，甭管敵人來多少，敵人來了十萬，都監領三千人先去，都監戰死了，鈐轄領五千人去，又死了，都部署領一萬，接著送死去。

范仲淹意識到這個軍制的弊病，打仗都是官小的先上，實際上就是讓官小的先死，這是取敗之道。范仲淹守延州，大閱州兵，挑選一萬八千精壯，「分為六，各將三千人，分部教之，量賊眾寡，使更出禦賊」（《宋史．范仲淹傳》）。范仲淹把這一萬八千人，分成六隊，每隊一員將，晝夜操練，打起仗來，量賊眾寡出戰，敵人來得多我們都上，敵人來得少，我們就去幾隊，改變了原來官小的先送死的局面。

二帥歧見

經過范仲淹的改革，駐守延州的將士戰鬥力大大增強，有效地抵禦了西夏大軍的進攻。李元昊見延州久攻不下，便率軍掉轉方向，進攻宋朝西北邊境的另外一路，也就是韓琦戍守的地區。那麼，韓琦的防區是否堅固？他又能否抵擋李元昊的進攻？

元昊率領大軍改攻韓琦的防區，韓琦馬上命令自己手下的大將，副都總管任福出戰。任福率七千宋軍，大敗夏軍，焚燒了夏軍的糧草輜重。此次對夏作戰取勝，使得韓琦覺得夏軍並非不可戰勝，認為三川口之戰不過是我軍勞師襲遠，被元昊打了個措手不及而已。任福更是覺得夏軍沒什麼了不起，元昊十萬大軍來犯，我以七千人出戰，照樣焚燒他的糧草輜重。

此時，朝廷向西北最高軍政長官夏竦問計，如何對付西夏？夏竦這個人，「雅意在朝廷，及任以西事，頗依違顧避，又數請解兵柄」（《宋史・夏竦傳》）。他本來想在中央做官，不想到西北窮荒苦寒之地，他到這兒就是過渡一下，所以出工不出力，也不上心，而且數度自請解兵柄，我不想帶兵，我幹不了這事。據說他在軍營當中還經常帶著美妾玩樂，士卒也頗多怨言。夏竦對於兵事顯然不是很在行。既然朝廷給我派來韓琦和范仲淹這麼兩個得力助手，我就問他們該怎麼辦吧。

韓琦和范仲淹的意見高度不統一，或者說南轅北轍。韓琦主攻，范仲淹主守。兩個人爭論激烈，夏竦沒招了，只好把兩種意見都表奏朝廷，請朝廷定奪。於是夏竦就派韓琦和判官尹洙，赴汴京朝見天子。

當時宋朝在位的皇帝是第四代皇帝宋仁宗，時年三十二，正值青壯，雄心萬丈，覺得西戎小丑，天兵一到，即可殄滅之，哪用得著這麼費勁。還是韓琦的辦法簡單明瞭，花錢又少，大舉進攻，把西夏丑類殲滅就完了。所以朝廷下旨，正月為期，陝西各路兵馬齊出，一舉消滅西夏。

范仲淹接到朝廷的詔令之後，趕緊上疏，大呼不可。他提了兩條意見：

第一，正月天寒地凍，糧草補給跟不上，對我軍十分不利，我軍不習慣在這樣艱苦的環境下作戰，不能正月出兵。

第二，如果朝廷採納了韓琦的建議，那就讓韓琦那一路攻，我這一路守，互相能有個照應，兩路齊出，如果全失敗了，連個閃轉騰挪的餘地都沒有。而且萬一打敗仗，還要跟元昊談和，我這一路保存下來，也有跟元昊談和的資本。

朝廷覺得范仲淹說的也有道理。而韓琦聽了范仲淹的主張之後，就派曾與自己一起朝見天子的尹洙去遊說范仲淹，希望能夠說動范仲淹出兵配合。范仲淹執意不肯，他認為韓琦的主張太過莽撞，他攻我守，必須保住一路。尹洙聽完之後仰天長歎，跟范仲淹講，公之見識可就不如韓公了，韓公說了，一旦開戰，要把勝敗置之度外，您老琢磨著打敗仗，這仗怎麼打啊？范仲淹說，打仗就得強調勝敗，你不管勝敗還打什麼勁兒啊？所以你攻你的，我守我的，你別想遊說動我。

宋朝兩位邊帥意見不合，消息就傳到了元昊耳朵裏。夏國的間諜是相當厲害的，夏竦曾經計議五路伐夏，召集將領到自己的書房召開祕密會議，作戰計畫草擬出來之後，鎖在書房平時常用的大櫃子裏，類似保險箱，天機不可洩露。沒想到，第二天櫃子就被夏國間諜盜走了，過了幾天，連作戰計畫帶櫃子一起送回來了，就差元昊在上面寫個「閱」字了。夏竦五路伐夏的計畫就告吹了。夏國間諜連經略安撫使密室裏的文件櫃都能盜走，韓琦、范仲淹不和的消息，人家能不知道嗎？因此，元昊準備趁宋朝君臣將相舉棋不定的時候，先發制人，遂在天都山點集十萬大軍，向宋朝邊境殺來。

集結援渭

宋朝君臣在攻守之間猶豫不決之時，李元昊親率十萬大軍，直奔韓琦戍守的渭州城而來。韓琦原本就沒把李元昊放在眼中，堅決主張出兵攻打西夏，現在李元昊的到來恰好給了韓琦一個進攻的機會。那麼，面對送上門的西夏大軍，韓琦會如何應戰？他能夠抓住這個機會，一舉擊敗夏軍嗎？

韓琦得到消息之後，趕緊派自己手下大將任福從鎮戎軍領兵出發去增援。任福出兵之前，韓琦再三告誡，元昊詭計多端，善用伏兵。你這一次出兵，小心小心加小心，一定要穩紮穩打，步步為營。從懷遠城奔德勝寨，然後再奔羊牧隆城。韓琦點到這三個地方，各距四十里，你每到一步，要囤留輜重，點集人馬，不能有掉隊的。本來你就只有一萬八千人，少於對手，一定要點集人馬，徐徐而行。最好能夠在險要處結柵欄列陣，待元昊退兵的時候，伏兵四起，攻打元昊，不要主動出擊，更不許深入夏國境內，別中了元昊埋伏。任福領命，率軍出發。任福上馬之後，韓琦還有信札到，再三叮囑。史籍記載：「及行，戒之至再。又移檄申約，苟違節度，雖有功，亦斬！」（《宋史・韓琦傳》）你必須聽我的，不要輕敵冒進，一定要按照我的辦法穩紮穩打，如果你不聽我的將令，你就打了勝仗，也要殺你的頭。

任福出發之後，心裏就尋思，韓招討畢竟是文官，不通兵事。元昊小子有什麼了不起，我是禁軍大將出身，七千人馬就曾經打敗過西夏十萬大軍，焚燒他的老營輜重。這麼囑咐來囑咐去的，老不讓我跟敵軍接戰，不跟敵軍接戰我怎麼立功啊，怎麼顯出我是當世名將啊？所以任福告訴步兵，你們太慢，後面跟著跑吧，能跟上就跟上，跟不上拉倒，自己率幾千騎兵，輕騎突進，去解渭州之圍。

沿路之上，宋軍跟夏軍幹了一仗，斬首數百。任福沒注意看，夏軍被斬首的都是老弱士兵，夏國士兵把馬、羊、駱駝扔了滿地。宋兵高高興興地去牽馬、牽羊、牽駱駝，提著夏兵的腦袋找任福報功。任福更得意了，大軍前進速度很快，非但沒按韓琦所指的路線進軍，更把韓琦的囑託忘到了九霄雲外。

大軍行至好水川（今寧夏隆德），各路宋軍已聚集一處。任福、桑懌領一軍，朱觀、武英領一軍，相距五里。各方將領開會議定，明早進兵，不使西賊一卒一馬逃回西夏國土，咱把他殺個乾乾淨淨。但宋軍將領有所不知，此刻，李元昊已親率十萬大軍埋伏於瓦亭川，張網以待宋軍，準備讓宋軍有來無回。

第二天，宋軍人馬會集，興沖沖地直向元昊的埋伏圈撞去。一看夏軍已經列好陣了，宋軍就慌了，長途跋涉了三天，人困馬乏，輕騎前進，攜帶的糧食也不足。此情此景，與上次三川口之戰無異，人家十萬大軍做好準備，咱一萬多人興沖沖地來自投羅網，這可怎麼辦？宋軍趕緊列陣，沒等陣勢列好，就看到地上有很多銀色的泥封的盒子，裏面有東西，撲嚕撲嚕作響。前鋒桑懌不知道這是什麼玩意兒，就請示任福，這盒子裏不知道有什麼東西，好像是活物，能否打開看看？任福下令，打開看看是什麼東西。

好水川之戰

在宋夏兩軍交戰的前線，為什麼會突然出現一些奇怪的盒子？如果這些盒子是李元昊故意放在這裏的，那盒子裏裝的究竟是什麼東西？這些盒子又是用來做什麼的呢？

盒子一打開，一萬多隻鴿子飛起來，像慶典典禮似的，有家鴿、有哨鴿。這東西是元昊事先擱在這兒的，鴿子一飛起來，就暴露了宋軍的行軍位置。元昊一看，群鴿飛舞，知道宋軍已全部進入伏擊圈。於是夏軍伏兵四起，把宋軍團團圍住，掩殺上來。

任福等人倉促列陣，跟夏軍展開激戰。先鋒桑懌一馬當先，率領騎兵衝擊夏軍大陣，以此為主帥贏得時間。畢竟寡不敵眾，宋軍一共只有一萬多人，又是遠道而來，夏國十萬大軍以逸待勞，衝陣沒能成功。待到夏國的鐵鷂子軍出發，一下就把宋軍的陣形衝亂了。宋軍將士此時還算是冷靜，領兵的這些久戰邊塞的大將實至名歸，陣形一被衝亂，軍校指揮部隊各自為戰，俱聽命於官職最大的人指揮，如果大家官一般大，就聽歲數最大的人指揮，與夏軍展開激戰。激戰當中，宋軍想攀爬山嶺，強佔有利地形。夏軍強弓硬弩，一通猛射，攀爬山嶺的宋軍將士大多墜崖身亡。夏軍在山頂上豎起一面兩丈多高的大旗，這是元昊的令旗，宋軍向左，令旗就往左擺，宋軍向右，令旗就往右擺，夏國的將士看令旗行動，宋軍插翅難逃。激戰當中，先鋒桑懌首先陣亡，主帥任福身中十幾箭，自知不免，仍然手持一把四刃鐵鐗，與夏軍將領格鬥。危機之時，小校對任福說，元帥不如趁著軍亂，趕緊突圍，尚有一線生機。任福表示：「吾為大將，兵敗，以死報國爾！」（《宋史・任福傳》）正是因為我輕敵大意，把一萬多弟兄領進這條死道，我有什麼臉活著回去？身為大將，既然兵敗，就以死報國吧！任福最終身中十幾箭，渾身是傷。夏國將士一槍刺中了他的臉頰，打了個貫通傷，鐵鐧掉在地上，任福拔劍自刎，壯烈殉國。

宋軍主帥殉國了，但是底下的宋軍將領還在率部激戰。特別是宋將王珪，聞聽任福被圍，自羊牧隆城率四千宋軍趕來增援，將帥一心，袍澤情誼，忠勇之氣，感天慨地，無奈杯水車薪，無濟於事。這四千人一入陣，基本上就是肉包子打狗，有去無回了。王珪眼見大勢已去，面朝東方，對著汴梁、朝廷的方向，整理鎧甲，下馬行了三跪九叩的君臣大禮，訣別朝廷、皇上、父老家鄉，然後翻身上馬，「復入戰，殺數十百人，鞭鐵撓曲，手掌盡裂，奮擊自若」（《宋史．王珪傳》）。手持鐵鞭，衝入敵陣，殺了百八十人，鐵鞭都打彎了，手掌都打裂了，仍然奮戰不已，最後壯烈殉國。

任福帶出來的一萬八千人馬，戰死者多達一萬零三百人，剩下的大部分被俘，只有朱觀領著一千多人突圍出去了。宋朝十幾員大將在好水川全部戰死，或者自殺殉國。史籍上對好水川之戰這樣評價：「好水之敗，諸將力戰以死。噫，趨利以違節度，固失計矣；然秉義不屈，庶已烈士者哉！」（《宋史．任福傳》）任福兵敗固然是因為大意，導致兵敗辱國，但是這些將領在戰場上寧死不屈，臨危不懼，寧為玉碎，不為瓦全，最後全體殉國，體現了當時中原王朝的鐵血豪氣。所以史籍對他們不吝褒揚，朝廷也沒有追究諸將兵敗之過，都賜予謚號，厚待他們的家人。

此役失敗，作為任福上級的韓琦，首先上表彈劾自己，此役失敗的責任在我，請朝廷撤我的職吧。朝廷就把韓琦降為知州。夏竦派人收拾殘局，打掃戰場，找到了任福的遺體。在任福的衣甲內，發現了韓琦給他的命令，韓琦告訴他不許浪戰，穩紮穩打。拿到這個命令原件之後，夏竦趕緊報給朝廷，此戰失敗不在韓招討，而是大將不聽命。但是將領已經殉國了，這個事不要再追究了，韓琦後來又官拜經略安撫使之職。

韓琦收拾殘部，徐徐退回國境。回來的時候，出征陣亡將士的家屬捧著死者生前的衣物，撒著紙錢，攀衣攔馬，頓足痛哭。韓琦也是駐馬不前，掩面而泣。范仲淹聽說之後，仰天長歎。這一敗代價太大了，給宋廷造成了又一次強震。

西夏方面可是得意洋洋，張元看到漫山遍野的宋軍屍體，得意之情溢於言表，在寺廟的牆壁上題詩一首：「夏竦何曾聳，韓琦未足奇。滿川龍虎輩，猶自說兵機。」（《西夏書事》卷十五）夏竦聳不起來，韓琦也沒什麼稀奇的，照樣打大敗仗。

答李元昊書

擊退了韓琦的大軍後，李元昊接下來要對付宋朝鎮守西北的另一位統帥范仲淹。范仲淹在延州修築工事，鞏固城防，堅持以守為攻，並不迎戰。而李元昊的夏軍恰恰擅長野戰，對於攻城一竅不通。那麼，既然強攻不行，李元昊會用什麼辦法對付范仲淹呢？

好水川之戰以前，元昊給范仲淹寫信求和。范仲淹非常高興，元昊主動來書，可是國書？打開一看，不是國書，就是一封普通的信。這東西不能交給朝廷，我自己看看吧。一看，元昊信上使用夏國的年號，不用宋朝年號。人家已經當皇帝了，有自己的年號了。中國古代帝王的年號一般就兩字，也有三字的，個別有四個字的，像武則天的年號就有萬歲通天、萬歲登豐。但是元昊用六個字——天授禮法延祚，我是皇天授命，永延帝祚。范仲淹一看李元昊來信的落款，天授禮法延祚某年，這個東西可不能給朝廷看，既然是李元昊給我寫的信，不是給朝廷的上疏，那我就給你回一封信吧。於是，范仲淹就給李元昊回書一封，洋洋灑灑兩千多字，今天在《范文正公全集》中能看到《答李元昊書》。范仲淹先是跟李元昊說了一番兩國長期友好的歷史，接下來寫我大宋對你怎麼不薄，然後好言相勸，其實我們大宋最反感的就是你當皇帝，你只要不當皇帝，怎麼著都好說。你們那個民族，語言、文字、風俗、衣冠、髮型都不同於中國，你何必非要學中國稱天子呢？你稱可汗或者單于或者贊普都可以，你只要不稱天子，不叫皇帝，事情好商量。最後，他又跟李元昊說了一通和則兩利，戰則兩傷，打仗對雙方都沒有好處的道理。然後，范仲淹派使者跟著李元昊的來使到西夏去送信。

一開始，李元昊對他們還不錯，好吃好喝好招待，等好水川之戰結果分曉之後，態度立刻就變了。李元昊草寫了一封國書，其實也不是正式國書，交給來使，把這個帶給范仲淹，讓他好好看看。使者快馬加鞭，把李元昊的來書帶回來了。范仲淹跟使者客套了兩句，一路辛苦、鞍馬勞頓，回家歇著去吧。把使臣打發走後，范仲淹急急忙忙挑燈夜讀李元昊這封信，沒等看完，腦袋就大了。

兵端又起

在給宋朝的國書中，李元昊究竟寫了些什麼，為什麼這封信會令范仲淹如此驚訝？看過國書之後，范仲淹又會如何處理這件事呢？

李元昊這封信一共二十六頁，當中罵人就罵了二十頁，侮辱宋朝，狂妄無禮。信中自稱帝號的地方也有二十頁。范仲淹一看，如果把這封信呈給天子，皇上非惱羞成怒不可，皇上一怒，不顧一切興全國之兵討伐李元昊，那就兵連禍結，無有止期了。

范仲淹思之再三，把李元昊信中求和的話謄寫了下來，造了一個刪節本。比如，李元昊說我大夏願與宋和，這不行，就把「願與宋和」抄下來，「我大夏」不能抄。把李元昊求和信的刪節本謄錄下來後，范仲淹當著夏國來使的面，燒了李元昊的信。此信侮辱我大宋朝廷，大逆不道，我身為大宋臣子，不能讓我們皇帝看到這封信，你看著，我把這封信燒了。然後，范仲淹把李元昊求和信的刪節本交給了朝廷。

消息傳到宋朝的國都，引起了軒然大波。人臣無外交，范仲淹怎麼敢跟李元昊私自通信？而且居然把李元昊的來書燒毀，這還了得？有大臣說范仲淹罪無可赦，依律當斬，這不是通敵賣國行為嗎？范仲淹趕緊為自己辯護，我不是賣國，是因為李元昊太不像話，我氣憤不過，所以才把信給燒了。當然斬范仲淹是根本不可能的，祖宗家法，不殺士大夫，范仲淹進士出身，怎麼能殺呢？所以朝廷將他降為耀州知州。

降了韓琦、范仲淹，西北就剩一個夏竦了。夏竦又聳不起來，朝廷只好再給他派了個副手，這副手來了之後卻整天跟夏竦幹仗，宋廷痛感西北不能無人，藉此機會把夏竦調進了內地。你不是本來也不想幹嗎？你不是數度上表請解兵柄嗎？這回朝廷讓你滿意了，你回到中原內地做官吧。陝西由一路分成了四路，韓琦、王沿、范仲淹、龐籍各領一路，負責對夏的和戰。

四路當中，韓琦、范仲淹和龐籍三路，山川險要，兵精糧足，尤其是韓琦和范仲淹，夏國不敢惹。那麼能惹誰呢？只能惹王沿。

王沿品級雖高，但既不知兵，又是新任的官員。龐籍雖然也是新任的官員，但龐籍鎮守延州，范仲淹在這兒打下了良好的基礎，所以惹龐籍不如惹王沿。張元又一再跟元昊講，如果我們從王沿鎮守的渭州長驅直入的話，就可以進入關中地區。一旦進入關中地區，「東阻潼關，隔絕兩川貢賦，則長安在掌中矣」（《西夏書事》卷十六）。元昊特別欣欣然：長安是什麼地方？周秦漢唐十一朝故都，如果我能佔領長安的話，那就是響噹噹的中國之主。元昊立刻點集十萬大軍殺向鎮戎軍。王沿一看敵軍來攻，馬上派馬步軍副總管葛懷敏率諸寨兵出禦夏軍。

葛懷敏是太宗朝名將葛霸之後，范仲淹評價他猾懦不知兵，就會溜鬚拍馬，紙上談兵，而且史籍上說葛懷敏「通時事，善候人情，故多以才薦之。及用為將，而輕率昧於應變，遂至覆軍」（《宋史·葛懷敏傳》）。這小子人精一個，很會來事，但不會打仗，輕敵冒進，如果用他打仗就會全軍覆沒。

葛懷敏出兵迎敵的時候，王沿也是再三叮囑，不要輕敵冒進，要修築堡寨，以守代攻，待敵軍退兵之時再出擊，才能夠建功立業。葛懷敏不聽，認為夏軍沒什麼了不起的，大軍一出發，就把王沿的囑咐扔到了九霄雲外。文官看不起武將，武將也看不起文官，武將心裏早就憋著一股火，你們憑什麼上嘴皮一碰下嘴皮就是我的上級，作戰計畫你還比比畫畫的。將在外，君命有所不受，我想怎麼幹就怎麼幹。大軍出發後，葛懷敏的部將規勸，咱們別著急，李元昊喜歡速戰速決，夏軍以騎兵為主，而且我軍所過之處，幾百里見不著一滴水，必須得穩紮穩打，否則又會中了李元昊的埋伏。三川口、好水川之戰教訓深刻，可一可二不可三，咱們別老記吃不記打。葛懷敏不聽，你膽小是吧？你願意守你守，將來不要分我功勞。部將一聽，既然這樣，得，硬著頭皮上，一塊兒送死吧。

輕取定川寨

立功心切的葛懷敏，不聽部將勸告，率領一萬多兵馬主動出戰，結果在定川寨遭遇了李元昊十萬大軍。在兵力對比如此懸殊的情況下，葛懷敏會如何應戰？他的一意孤行，又會導致宋軍付出怎樣慘痛的代價呢？

葛懷敏一看敵軍來了，於是背靠定川寨列陣，準備以城寨為依託，抵禦夏軍。他自守一門，鎮戎軍知軍、大將曹英守一座門。

李元昊見宋軍列陣之地乃是死地，大呼蒼天助我！首先，把定川河上的浮橋燒掉，斷宋軍的退路。其次，在河流的上游截斷水源，把宋軍活活渴死。

葛懷敏見敵軍在截斷水源，就趕緊派部下去搶奪。但是宋軍兵少，夏軍兵多，沒搶過來。宋軍此時已無鬥志，退入定川寨時，士卒擁擠、踐踏，一窩蜂地往裏擠。葛懷敏也被從馬上擠下來了，士兵踩著他往裏衝，差點兒把他踩死。葛懷敏暈過去了，親兵趕緊衝過來把他抬入甕城，又抽嘴巴又澆涼水，這才醒過來。另一員大將曹英，激戰之中，脖子中了一箭，從城牆上掉了下來，身負重傷。行軍見仗至此，等於兩個半死不活的人在指揮軍隊。眾將在一起商量下一步怎麼辦。曹英主張固守待援，定川寨畢竟還有城牆和護城河，李元昊要打也得打一氣，但葛懷敏不同意，沒吃沒喝的守下去也是死路一條，必須趁夜突圍。葛懷敏不聽眾將所勸，一意孤行，夜裏打開城門，宋軍萬餘人一窩蜂就衝了出來。宋軍為了保命，還真英勇，居然衝出去二百多里地，但氣力也耗盡了。甭管是人還是馬，不吃糧食能忍一忍，不喝水誰受得了啊？最後，宋軍被夏軍追上，葛懷敏以下十幾員大將全數陣亡，宋軍士兵被俘九千四百多人，戰馬被繳獲六百多匹。

此時李元昊春風得意，命令張元替他起草了一封詔書送交宋朝，宣稱「朕今親臨渭水，直據長安」，你們宋朝就等著吧。

三川口、好水川、定川寨，宋軍三戰三敗，喪師失地，特別是多員久在西北的大將陣亡。自此以後，宋對夏的策略被迫改變，調整。李元昊絕非西戎小丑，「天兵一到，一鼓殄滅」，沒這麼簡單。宋廷從此不再論戰，採取守勢，並且再三告誡邊將，不要深入夏地，最好能夠以戰迫和，讓李元昊跟咱和談。那麼，李元昊願意不願意和談呢？

八

宋夏議和

宋夏兩國交戰多年，宋朝屢戰屢敗，
不僅喪失土地，而且損兵折將，
因此主動提出同西夏議和。
那麼，一心想要稱霸天下的李元昊，
為什麼會在夏軍三戰三捷、士氣大振的情況下，同意跟宋談和呢？
在談判的過程中，兩國君臣是如何鬥智鬥勇，討價還價的？
最終，宋夏之間又會達成哪些和議呢？

西夏國主李元昊，在三川口、好水川、定川寨三次大敗宋軍。為什麼他在這幾場戰役當中，都能取得大勝呢？無外乎就是以下幾點原因：

首先，夏國總是集中優勢兵力，各個殲滅敵人，整體上的劣勢轉化為局部的優勢。而宋軍戰線太長，拖沓疲憊，有時候政出多門，讓將領無所適從，而且將領們不乏驕兵必敗的、紙上談兵的，所以總打敗仗。

其次，以前夏國給宋朝進貢，沿途的州、軍都走過，夏國人對宋朝邊疆的地理情況非常了解，而宋軍卻不了解。本國軍隊為什麼對本國的邊疆地理都不了解？道理很簡單，宋人葉適說：「國家因唐、五季之極弊，收斂藩鎮，權歸於上，一兵之籍，一財之源，一地之守，皆人主自為之也。欲專大利而無受其大害，遂廢人而用法，廢官而用吏……」（《葉適集．始論篇》）太祖皇帝立國，揚文抑武，把地方大權統歸中央，特別是對武將不信任，造成兵不識將，將不識兵。宋朝的禁軍，實行「更戍法」，部隊在某地駐紮一段時間，就要到別的地方去駐紮。按道理講，朝廷怕一支部隊的統帥當的時間太長，跟部下勾結，把部隊變成私人部曲，應該怎麼辦呢？讓這個將領去指揮別的部隊就行了唄，把指揮部調走不就完了嗎？動靜小，易於執行。宋朝不這麼幹，統軍的將領不動，指揮部不動，讓兵士調動，免得士兵跟當地老百姓混熟了，你們換一個地方，重新熟悉當地環境去。所以宋朝的士兵不管是在本土作戰，還是出境跟夏國作戰，都不了解自己所處的地理形勢。

再有，李元昊不能不說是天才軍事家，用兵如神，非常擅長搞聲東擊西這一套，所以宋軍上了一當又一當。

和談意明

宋夏兩國交戰多年，宋軍屢戰屢敗，不僅喪失土地，而且損兵折將，因此宋朝打算跟西夏和談。可此時的李元昊接連取得三場大捷，聲勢大振，一心想要稱霸天下。在這種情況下，他會同意跟宋和談嗎？

幾場大戰下來，李元昊也明白，殺人一萬，自損三千，以夏國國力之貧弱，欲求全面戰勝宋朝，絕對沒有可能。李元昊、張元最大的夢想不過就是親臨渭水，佔據長安而已，沒想過殺入潼關，佔領汴梁，做中原之主。李元昊深知，現在我軍雖勝，但經濟利益損失巨大，得不償失，如果能夠跟宋朝談和，當然是好事了。再有，戰爭使西夏國力耗盡，物價飛漲，老百姓怨聲載道，活不下去了。而且伴隨著戰爭的次生問題，就是災荒。徵發兵馬去打仗，農牧民都上前線了，莊稼沒人種，牛羊沒人放牧，自然就會產生災荒。戰爭爆發之後，宋朝停止了與西夏的邊境貿易，關閉了榷場，西夏境內的大量生活必需品，比如布匹、茶葉、糧食，都不能自給。宋朝一使用經濟制裁手段，效果明顯，西夏的生活必需品奇缺。因此西夏也希望跟宋朝議和，擺脫困境。

宋朝自定川寨戰之後也意識到了，夏國絕非蕞爾小丑，可一鼓殄滅。范仲淹上書朝廷：「兵馬精勁，西戎之所長也，金帛豐富，中國之所有也。禮義不可化，干戈不可取，則當任其所有，勝其所長。」（《續資治通鑑長編》卷一百三十五）西夏的長處就是兵馬精勁，光腳的不怕穿鞋的，跟他打仗，他豁得出去，咱們豁不出去。我們的長處是什麼呢？金帛豐富。天朝上國，有的是錢，金山銀山永遠花不完。既然跟李元昊講理講不了，打又打不過。那咱就花錢買個太平吧，他打咱的目的不就為了黃白之物嗎？給他一點兒，別打仗了，雙方少死人，天下太平。咱們跟遼不就這樣做的嗎？跟西夏有什麼不可以的呀？宋仁宗思之再三，覺得范仲淹所言甚是。

遼使斡旋

經歷了三場大戰之後，宋夏兩國都已經筋疲力竭，希望能夠停戰談和。但是礙於臉面，雙方卻都不願意主動提出。就在宋夏僵持不下的時候，突然發生了一件事，讓宋朝看到了一個絕好的機會。

宋朝跟元昊一打仗，遼趁機勒索，漫天要價。遼說李元昊是我外甥，從他爺爺的時候就娶我們家公主，你們宋朝打我外甥怎麼不通報一聲啊？咱們是兄弟之國，遼聖宗尊宋真宗為兄，這時候的遼興宗按輩分也就是宋仁宗的弟弟，李元昊是我外甥，也就是你外甥，我得替我外甥出頭。大軍壓境，你得給個說法。

宋朝明知遼是趁火打劫，也只得將就打探遼要什麼說法。遼說也不要別的，我就替我外甥討個公道，你給點兒錢，我轉交給我外甥。另外，後周世宗時候奪去的瓦橋關以南十個縣，你要還給我。宋仁宗不應，當年澶淵之盟的時候，你們就提這無禮要求，已經被先帝拒絕了，什麼年月的事了，怎麼還提？後周世宗時候奪的地，你跟我要，這合適嗎？宋仁宗派大臣出使遼國，割地不行，給點兒錢成嗎？遼說，當然成啊，就這目的啊，這你還不明白嗎？咱別讓這點兒意思變成不好意思啊。雙方協議，每年銀絹各加十萬，澶淵之盟時是白銀十萬兩，彩絹二十萬匹。這一次漲到白銀二十萬兩，彩絹三十萬匹，從這以後給遼的歲幣就漲到了五十萬。當然，宋朝也提出了條件：

第一，增加的歲幣相當瓦橋關以南十縣的租稅。你不是想要這十縣嗎？土地不能給你，這是祖宗給我的，我割裂祖宗疆土，對不起祖宗，但是我可以把這十縣的租稅給你，你要地也沒用，你也管不好，我直接給你錢吧。第二，我給你增加十萬銀絹，是感謝你在宋夏之間進行調停。

遼朝得到了好處，又恰逢宋夏雙方打得這麼火爆，都要找個臺階下的時候，我作為第三方出現，給雙方調和一下，讓雙方都看重我，這個事很來勁兒。於是，遼國派遣使臣，到宋夏兩國進行調停。遼使先跟宋朝講，我們皇帝派人去見李元昊了，李元昊這個人也不是不通情理，他是被你們宋朝逼得沒轍了，才興兵的。只要你給他的條件優厚，並且像我們大遼這樣，冊封李元昊，雙方和議就能談成。然後遼使又到了夏國，面見李元昊，把這番話一點兩面，又說了一遍。別跟宋打了，我們都跟宋議和這麼多年了，你不就想要點兒東西嗎？宋表示這事好商量，你也趕緊跟宋談和吧。

名義之爭

在遼國的撮合下，宋朝和西夏都同意停戰議和。於是，雙方開始派使臣往來，交換議和條件。那麼，宋夏兩國分別開出了怎樣的條件呢？他們能夠達成一致嗎？

宋仁宗告訴延州知州龐籍，你負責跟李元昊談和，只要李元昊答應稱臣，其他什麼條件咱都沒有，他就是當皇帝都成。咱也甭非得強迫他稱可汗、單于或者贊普了，但是他必須稱臣。不稱臣，絕對不行。西夏與遼不一樣，遼跟咱們是兄弟之國，西夏就是我大宋臣屬，必須稱臣。龐籍領命，派人深入西夏國境去探聽消息。

李元昊這邊也在探聽消息，雙方一拍即合。李元昊就派了一位刺史，來找龐籍談和。龐籍一聽，夏國談和使節到，不敢怠慢，趕緊迎接。雙方分賓主一落座，夏國使節就說：「前幾天契丹使節來到本國，轉說了南朝與北朝通好，只有西界不寧。契丹勸告本國，與南朝通好。但本國已然立國，自立年號，所以，不能以臣子身分上疏，還望南朝諒解。」

龐籍儒臣出身，夏國來使的話一聽就明白什麼意思。夏國官員中漢人不少，這位使節就是漢人，太狡猾了，一開口就是「前幾日契丹使節到本國」，我們夏國為什麼跟你談和啊？

是我舅舅讓我這麼幹的。契丹使節跟我們講，「南朝與北朝通好了，只有西界未曾安寧」。北朝，南朝，西界可以講就是西朝，明顯是鼎足而三之勢。而且我國有年號了，不能以臣子的身分給你上書。

龐籍一聽大為不快，我們皇上唯一的要求就是李元昊稱臣，你不稱臣，我沒法跟皇帝覆命啊。所以他就跟夏國的來使說，你先把元昊的來信呈上來我看看，國書是怎麼寫的？夏使就把國書呈上來了。國書開頭寫了這麼一句話：「男邦泥定國兀卒曩霄上書父大宋皇帝。」邦泥定國是西夏國的党項語發音，兀卒，就是青天子的意思，也就是天子的自稱。曩霄上書父大宋皇帝，我是邦泥定國的天子，但我是你兒子，你是我爹，兒子給爹上書，就是這麼個意思。龐籍一看，心就涼了，元昊稱男不稱臣。古代君臣名分是最重要的，你稱他人為爹，今天看來，是丟人現眼到家的事，但在古代不是這樣，稱臣比對人稱父還丟人。所以李元昊堅持，可以管宋朝皇帝叫爹，但絕不認你是我的君主。

龐籍說，李元昊不稱臣，名分不正，此書不敢上呈天子，您還是帶回去吧。

元昊的使臣一聽著急了，你不上呈給天子，我的任務無法完成啊，我肩負著談和使命來的，回去之後沒法跟我們國主交代。所以使臣趕緊解釋：「子侍父和臣侍君道理是一樣的，孝敬爹跟孝敬皇帝這不是一個道理嗎？請您無論如何讓我進汴京朝見天子，如果天子不答應，我們回去再商量。您無論如何讓我去一趟汴京。」龐籍趕緊報告給朝廷，李元昊的國書稱子不稱臣，並且發表了自己的意見，說李元昊的使節也是漢人，而且言辭恭順，不如讓他進京面君，我覺得這事有轉圜的餘地，李元昊說不定會稱臣的。宋仁宗求和心切，應了下來。

元昊來使到了汴京之後，當然不能直接見皇帝了，先呈上國書。宋朝兩府大臣經過激烈的討論，得出一個結論，元昊來使朝見天子，名不正，言不順，不能見。只有李元昊稱臣，皇帝才能見元昊的使臣，才能接受國書。於是，由宋朝的樞密院出面，召見元昊來使，提出了六點意見：

第一，國書裏面，有一個字犯了我們宋朝的避諱，所以不能上呈天子，您原樣帶回。我們比范仲淹客氣多了，沒當面給你燒了。

第二，李元昊雖然很恭順，想當我們皇上的兒子，但是當兒子沒有不稱臣的道理。我們皇上的兒子，有一個不是皇上的臣子嗎？所以你必須得稱臣，由我們皇上冊封你為夏國主，否則的話，此事免談。

第三，允許你們夏國自設行政機構，自己任免官員，但是，你不能用中原的官名。元昊立國，一切制度跟中原王朝一樣，連首都都叫開封府，長官叫開封府尹。元昊手下大臣曾經跟龐籍通信，信上的落款是太尉某某某。龐籍一看就急了，絕不允許你自稱太尉，太尉是三公，天子近臣，我都不是太尉，你一個陪臣怎麼能做太尉呢？所以你關上門愛叫啥叫啥，像張元官拜西夏太師、國相、中書令兼尚書令，您關上門自己過癮沒人管。但是你給我們大宋上書的時候，不允許這麼寫。怎麼寫呢？要把党項語的官名音譯成漢文。宋朝也是自欺欺人。比如說，你可以叫寧令、謨寧令，寧令就是大王，謨寧令就是天大王，反正我們也不懂寧令是什麼玩意兒，我們理解大概就是一個比天朝知縣低三級的官。你不准用太尉、樞密使、中書令，我們不能看見這個，天朝才能有這種官，你們怎麼能有呢？

第四，大宋每年賞夏國銀絹七萬，相當於戰爭賠款，但名義上是大宋賞賜。

第五，允許開放兩國邊境貿易。

第六，兩國沿邊的堡寨維持現狀。

這六條意見交給夏國來使帶回。夏使不敢爭辯，在人家這一畝三分地上，怎麼爭辯啊？於是，夏使陪著宋朝使臣回國覆命去了。

討價還價

關於宋夏兩國的議和，宋朝提出了六點意見，並派遣使臣出使西夏，跟李元昊談判。那麼，對於宋朝的這六點意見，李元昊是否會接受？他會如何對待宋朝來使呢？

宋使到了夏國朝廷，一看李元昊身著便裝，躺在龍床上，愛答不理的。等宋使自報家門之後，李元昊懶洋洋地坐起來，滿臉不耐煩，呈現憤怒之色。朝廷既想議和，何必去問遼國？你打不過我，咱就和唄，你抬我舅舅壓我，什麼意思啊？元昊先給宋使來了個下馬威，看了宋朝的六項條件之後，草擬國書，回書中提了十一個條件，又派使臣去宋朝。雙方國書往還，實際上就是討價還價。

談判其實就是討價還價，討價還價的藝術，核心在於不能一開始就把底牌露給對方。我這貨想賣二百，但我要多少呢？要四千！你覺得太貴，五折行嗎？二千，你欣然接受，我就賺了十倍，五折你還嫌貴，三折行嗎？一千二，你欣然接受，我就賺六倍。李元昊也是如此，開出了十一個條件，知道宋朝不可能都滿足，我就是漫天要價，您可以就地還錢。您要不還價，這十一個條件都接受了，那簡直就是天上掉一個大餡餅砸著我了。

夏使重返汴京，宋朝面對西夏強硬的態度和提出的十一個苛刻條件，展開了激烈的爭論。兩府大臣中，以著名的婉約派詞人宰相晏殊為首，大多厭倦了戰爭，主張同意。他愛稱帝就稱帝吧，不愛稱臣就不稱臣吧，只要別打仗了，這麼多年仗打下來，花的軍費遠遠超過了李元昊索要的錢帛。所以，無所謂了，答應他的條件吧。只有樞密副使韓琦堅決反對，韓琦剛從前線回來，知道李元昊是瞎詐唬，色厲內荏。他的損失比我們只大不小，不要怕他，我們要堅持原則，再努力一下，李元昊一定會認輸。宰相晏殊跟韓琦當面發生了爭執，你懂什麼啊？國家大政方針不是你能插嘴的。韓琦也拍桌子大罵，你去過前線嗎？你流過血嗎？我在前線打了那麼多年，明白這裏面的是非曲直。晏殊氣得拂袖而去，兩人不歡而散。正當宋朝的大臣們爭來論去的時候，又發現了一個致命的問題，是什麼呢？

達成和議

宋朝大臣突然發現，李元昊竟然在給宋朝的國書中，玩了一個小小的文字遊戲。而這個細節，一旦被忽略，後果將不堪設想。李元昊的國書中到底存在什麼問題？宋朝的大臣發現後又會如何處理呢？

李元昊在上書的時候，玩了一個文字遊戲，原來他自稱兀卒，邦泥定國兀卒，反正這是党項語，音譯成漢字用哪個字都行。這回他改了，改成「吾祖」，「男邦泥定國吾祖曩霄上書父大宋皇帝」。宋朝大臣頓時譁然。這叫什麼話啊？元昊自稱吾祖？吾就是我，祖在宋朝白話裏就是翁，翁就是爹，元昊自稱我爹？他是跟咱們稱臣了，然後讓咱皇上管他叫爹，這不就是侮辱咱大宋皇帝嗎？原來他稱兀卒，我們宋朝無所謂。誰知道可汗是啥意思？單于也是天子的意思嘛！這都隨便，你編出個兀卒，就更無所謂了，反正我們都不懂。「吾祖」我們就不能接受了，這是褻瀆侮辱朝廷。宋朝名臣歐陽修，更是氣憤已極。販夫走卒都不隨便管人叫爹，堂堂天子奉天承運，管元昊叫爹？元昊侮辱我們，必須嚴詞駁回。否則的話，誰敢開口啊？宋朝的大臣們到西夏去傳旨：「大宋皇帝致書邦泥定國我爹。」這不是貽笑大方嗎？元昊的要價太高了，宋朝堅決不答應。

你漫天要價，我就地還錢。宋朝派遣使節出使西夏，答覆西夏，歲賜一年就給十萬，多了沒有；想稱「我爹」更沒戲，這輩子甭想！元昊說一年如果不給二十五萬，你們這些使節一個都甭回去，在我這兒住一輩子，叫一輩子爹吧。宋使一聽，那不行啊，我身負皇命來談判的，把我扣在這兒，一輩子跟在牛羊屁股後頭轉，哪天是個頭啊？宋使趕緊說給二十萬也可以。元昊一琢磨，我要二十五萬，他給二十萬，差距已經有所縮小了，雙方還沒有正式簽約，扣著他也沒用，萬一再來一個強硬的宋使，說就給五萬咋整啊？既然如此，那你們就回去再商量一下吧。李元昊就把宋朝的使節放了回去，並且讓他們給朝廷帶一封信。在信裏面元昊又像他爹李德明一樣，貪得無厭，提了個條件，每年除了給錢之外，我還要兜售十萬擔青鹽。前面講過，鹽由誰來買？如果是私人買，那就衝擊了國家的鹽鐵專賣制度。如果是官府買，等於每年又多給他十萬擔青鹽的錢，兩項合計，總共付給西夏的錢就快趕上給遼國的了。萬一遼國不幹，你給我外甥這麼多，給我這麼點，再漲點兒吧，這事就沒完了。所以雙方還得談。宋使再一次出使西夏的時候，李元昊要價又提高了——三十萬。宋使答應只能再加五萬，多一分都沒了，不行咱就打仗。李元昊一看，目的達到了，我的底線就是二十五萬，給遼也不過三十萬，給我二十五萬，見好就收吧。

正當此時，李元昊得罪了遼，遼興宗親率大軍征討李元昊（詳見《塞北三朝・遼》）。李元昊審時度勢，既然得罪了遼，為避免兩線對敵，必須速速與宋簽約，了結議和之事。

李元昊決定簽約了，下回宋使再來，請把議和的保證書帶來。宋使見李元昊要保證書了，頓覺簽約議和已是板上釘釘了。於是宋朝再次遣使，正式冊封李元昊為夏國主。國主跟國王可就不是一個級別了，我沒冊封你做皇帝，當然你關上門當皇帝，我們也管不著，但你必須稱臣於我。每年宋朝賜給西夏歲幣，同樣是給錢，但給西夏和遼不一樣了，遼宋地位是平等的，每年宋贈給遼歲幣，夏是賜給，我是你爹，是你的君主，我賞賜臣下。只不過賞賜的數額稍微大了一點，每年賞賜西夏白銀七萬二千兩，綢緞十五萬三千匹，茶葉三萬斤，一共是二十五萬五千。宋夏之間的大戰告一段落，雙方議和了。

宋廷離間

雖然宋夏兩國達成和議，停止了戰爭。但是，對於宋來說，卻是在屢戰屢敗的情況下，花大價錢買來的和平，因此滿朝文武心中有所不甘，日思夜謀尋找時機再圖西夏。那麼，宋朝君臣到底會想出怎樣的計策呢？

雙方議和之後，宋朝君臣上下，既出了一口氣，也憋著一股火。我們與夏對陣，連戰連敗，實在是可恨。李元昊怎麼這麼不好對付呢？因為他手下有人啊，有誰呢？文有張元、吳昊。這沒轍了，他倆是從我們這兒叛逃出去的，熟知我朝風土人情，政治、經濟、地理、軍事。咱本來挾持其家屬，令其有所顧慮，不敢發全力以佐元昊，不料李元昊把他的家屬騙走了，咱們弄了個竹籃子打水一場空。武靠兩員大將，一個叫野利旺榮，一個叫野利遇乞，這兩個人是元昊的左膀右臂。夏國的部隊分成十二個監軍司，這十二個監軍司又分左右兩廂，野利旺榮和野利遇乞就是左右兩廂的大王，相當於夏軍的兩位總司令。野利氏是党項的名門望族，當時元昊的皇后就是野利氏，野利旺榮和野利遇乞，一說是野利皇后的叔父，一說是她的兄長，也有可能一個是叔父、一個是兄長，反正是屬於后族的外戚，又是百戰百勝的名將。幾乎李元昊每次興兵，這兩位野利無役不與，屢戰屢勝。如果能夠除掉這倆野利的話，有利於我們大宋是顯而易見的！

西夏王朝雖已建立，畢竟起底於部落群體，雖形似中原王朝，但斷然沒有神似中原王朝——天子一統天下，大家山呼萬歲。實際上歷數塞北三朝，契丹也好，女真也罷，党項亦是，在立國的過程當中，始終不曾妥善地解決一個權力制衡的問題。皇族原本只是民族眾多部落之一，可能佔相對的優勢，但並不佔有絕對優勢，部落民族原始軍事民主政治遺風尚存。他們不像中原，天子得了天下，就是我一家一姓的江山，大家山呼萬歲，沒有人琢磨造反。西夏不一樣，党項民族分成幾部，細封氏、野利氏、拓跋氏……你拓跋能當皇帝，我野利氏為什麼不能？細封氏為什麼不能？如此長期以來，外戚、權臣奪位的隱患揮之不去。其中利害，宋朝當然心知肚明，若能善用此中機巧，令李元昊心疑旺榮、遇乞二人有篡位之嫌，進而逼反二將，將會極大地打擊西夏君臣的士氣。即便二將不降，能借李元昊之手除去兩員悍將，於大宋也是大有益處。

早在跟西夏的和議達成之前，仁宗皇帝就下令群臣開動腦筋，群策群力，如何能將遇乞和旺榮誘而降之，為我所用，如其不然，也當定計除之？如果誰能做到這一點，升官晉級，朝廷重重有賞。

宋朝青澗城駐紮著一員名將，此人名喚种世衡，著實動了一番心思。种世衡苦思冥想：元昊其人，雄才大略，一代英主，不世出的一個人物。但其為人刻薄寡恩，猜忌心特別重，六親不認，親媽都能被他毒死，老婆孩子扔進河裏淹死，舅舅綁樹上射死。如果施用反間計，除掉旺榮和遇乞料非難事。此二人一除，元昊自斷雙臂，以後再想興兵入寇，就不可能了。所以一定要把旺榮、遇乞除掉。种世衡想了什麼招，除掉二將沒有呢？

九

元昊之死

宋與西夏議和之後，
宋朝君臣依然對西夏景宗李元昊不放心，
於是決定實行反間計來除掉李元昊的兩大武將，
野利旺榮和野利遇乞。
那麼，李元昊會中計嗎？
為什麼說宋朝的反間計還間接導致了李元昊的慘死呢？

宋朝君臣計議欲除掉元昊的左膀右臂，野利旺榮和野利遇乞，那怎麼來做這件事？畢竟旺榮、遇乞是元昊的心腹大將，追隨元昊多年，此事難度肯定很大。

宋朝青澗城的守將种世衡殫精竭慮，計由心生，想出了一招。青澗城外有一座廟，廟裏住著一個花和尚，此人姓王，精悍強健，善於騎射，對於西夏境內的山川道路瞭若指掌。种世衡覺得此人可用，就派人把他從廟裏接了出來。老王，你也別當和尚了，從現在起，我給你起個名叫王嵩，跟著我混，你看如何。王嵩傍上了种大帥，整天揮霍無度，花錢就跟撒傳單似的。种世衡供著他，二人經常推杯換盞，把酒談心，天長日久，結成莫逆之交，無話不說。

有一天，大家聊得好好的，种世衡突然翻臉，喝令左右，把王嵩給捆起來。好你個王嵩，你太對不起我了，天天在我這兒吃香的喝辣的，每日裏我好酒好肉供著你，你竟然給夏國做奸細？拉下去，重責八十。軍士們衝上來，二話不說，把王嵩按地上劈里啪啦，幾十板子打得皮開肉綻。招是不招？王嵩說沒有這種事，我絕對沒有做夏國間諜！不招是吧？夾棍、烙鐵全上，看你招不招？讓你生不如死！在這種情況下，王嵩還是咬緊牙關，堅決不招。最後，他長歎一聲，我王嵩雖然是個花和尚，好歹我也是大丈夫，行事光明磊落。一僕不侍二主，种將軍待我恩重如山，我怎麼可能背叛將軍，投降西夏？我死不足惜，耿耿此心，可對天日，可惜了我這片苦心。話音剛落，种世衡從屏風後面轉了出來，止刑，鬆綁，命左右退下。然後命令親軍小校把王嵩搭入後堂，沐浴敷藥，把他身上的血跡洗掉，傷口處塗上藥，換上乾淨衣服，引入內室。种世衡倒頭便拜，嚇了王嵩一大跳。王嵩說，將軍您這是幹什麼，小人身上有傷，跪不下去，沒法還禮。种世衡說，對不起了王義士，我有重任要交給你，需要你去夏國施反間計。我為什麼打你？這是苦肉計，如果你到了夏國，有可能要受比這更大的罪，我怕到時候你受刑不過，所以咱們先演習一下，你要熬不過，可就壞了我的千秋大業。王嵩聽完种世衡這番話，說將軍待王某恩重如山，王某粉身碎骨，萬死不辭，您儘管吩咐，怎麼辦？种世衡說，我給野利旺榮寫封信，你把這封信帶入夏國。於是种世衡提起筆，在一塊白布上寫了一封信。

這封信乍一看很平常，全都是平常的問候語，你好啊，最近身體怎麼樣？但是詞句之間頗多隱諱，經常話似說透又沒說透。比如：「上次一別，匆匆數日，將軍身體可還好？」「咱們上次講的那個事，你認真考慮了嗎？」全都是這樣的話，似乎是暗語。种世衡把信密封好，藏在王嵩的袈裟裏邊，囑咐說，你進入夏國境內，不到萬不得已的時候，這封信別被搜出來，一旦被搜出來的時候，你就仰天長歎，說「我辜負了种將軍、我死不足惜」之類的話，你會說嗎？王嵩一拍胸脯，同樣的話剛才都已經說過一遍了，還用得著您教我嗎？如此更好，義士請上路吧，我在此靜候佳音。

王嵩入夏

王嵩受种世衡所託，隻身進入西夏國境，不久就來到了野利旺榮的帥府。那麼，王嵩在野利旺榮帥府究竟都會遇到什麼事呢？一切會按原定計劃發展嗎？种世衡的反間計究竟會不會成功呢？

王嵩見到了野利旺榮，表明來意，我是种世衡將軍派來的使者，种將軍說你要投降，你怎麼到現在還不投降？种將軍派我來問。野利旺榮哈哈大笑，說我平時很敬重种將軍為人，兩國雖為敵國，但是咱們有公仇沒有私仇，他怎麼如此行事，這麼不光明磊落？誰與你說我要投降了，我什麼時候說要投降了？你上門來送死是吧？旺榮一聲令下，把王嵩捆了個結結實實，押入地牢，立即上表李元昊。宋將种世衡派了個奸細，平白無故說我要投降，我把他扣下來了，您看如何處置？李元昊一聽，心裏咯噔一下。野利旺榮是皇后的哥哥，后族干政、叛亂，哪一件都不是小事，不可等閒視之。李元昊當即下旨，快馬押解王嵩進京，有司會審。

王嵩被押到了夏國的國都興慶府，三法司會審，嚴刑拷打，王嵩都挺住了，以前經受過這個陣勢，上次演習高分勝出，此番本色出演，依然是堅硬似鐵，咬緊牙堅決不承認。种世衡寫給野利旺榮的那封信也被發現了，交給了元昊。元昊一看，疑心頓起，問野利旺榮信中所寫內容。野利旺榮說不清楚。「自上次一別」，你什麼時候見過种世衡？野利旺榮本著實事求是的態度說我沒見過，他確實沒見過。你沒見過他，為什麼他寫「自上次一別」？元昊不由得疑心更甚，「上次咱談的那件事」，哪件事？野利旺榮說他沒跟我談過什麼事啊。元昊一看，你明顯就是心裏有鬼，藏著話不說，對野利旺榮戒備之心一起，就不信任了。

元昊決定親自審問王嵩，將王嵩押進了興慶皇宮。王嵩一看，這個地方不一般，這麼大的一處宮苑，看級別應該是夏國主的居所，最起碼來來往往的宮女太監我是看得出來的，士兵的服色也不同於外面，應該是給皇宮站崗的禁衛軍，看來這次是李元昊親自提審我了。於是王嵩就想，种將軍說的那個最後關頭到了。他跪在夏國主的宮殿門口，觀察到殿裏掛著簾子，簾子裏邊隱約有個人影，但看不清是誰。一會兒從殿裏面出來一人，王嵩低著頭跪著也不敢抬頭看。來人說你作為間諜，深入我們夏國國境，還不從實招來？王嵩說，我不是間諜，我也不是來找你的，我沒什麼可招的。這個人一聽，沒有可招的？推出去斬首！王嵩頓時號啕大哭，我死不足惜，只是對不起种將軍，耽誤了种將軍的大業，也連累了旺榮王爺。王嵩哇哇哇開始哭，聲音特別大。簾子後面那個人正是李元昊，聽得清清楚楚，怎麼回事？你一死連累了旺榮王爺，也對不起种將軍，看來這倆人定有隱情！元昊趕緊喝令刀下留人，我親自審問他。把王嵩叫了進去，我就是夏國主李元昊，你說這是怎麼回事？王嵩說，旺榮跟我們种將軍有密約，旺榮王爺答應歸降，所以种將軍派我來催他踐約。沒想到旺榮忒不地道，我來了以後他把我弄這兒來了，先是生不如死，現在還要身首異處，如此這般，這般如此，就是這麼回事。您看怎麼處理我？元昊大手一揮，你替我大夏國破獲了一個建國以來最大的間諜案，你死不了了，下去養傷去吧。

反間計成

王嵩初戰告捷，暫時取得了李元昊的信任，但是李元昊生性多疑，反覆無常，僅憑王嵩的一面之詞，還是無法讓他徹底相信野利旺榮準備叛國，投降宋朝。接下來，李元昊又會如何處理這件事呢？

元昊此人雖然猜忌心很重，刻薄寡恩，但他可不糊塗。他仔細琢磨，輾轉反側，會不會是宋朝施行的反間計？於是派出自己的親信李文貴，冒充旺榮的使者，回訪种世衡，探問一下是怎麼回事。元昊聰明一世，糊塗一時，根本就沒有旺榮投降這回事，你讓李文貴冒充旺榮府上的人，真假立判。

李文貴見到种世衡，說我們旺榮王爺跟你的約定仍然有效，所以旺榮王爺就派我來了，咱們談一談。种世衡表面上不動聲色，內心盤算，這個人肯定是李元昊派來的，因為旺榮沒有歸降，他怎麼可能派人來？但這個人是誰？我得穩住他。萬一要真是旺榮府上來的人呢？有可能王嵩在夏國，把旺榮要歸降的事嚷出去了，旺榮一看，走投無路，只能走這一步，真要歸降了。要真能把他招降，比殺了他對宋朝的幫助還大。為探究竟，种世衡派手下的部將陪著李文貴聊天，兩個人虛與委蛇，神侃一番，發現李文貴對於夏國，尤其首都興慶府的風俗、物產瞭若指掌，問他旺榮府上的事，卻語焉不詳。這回放心了，他不是旺榮府上的人，旺榮沒有歸降的意思。

宋朝以前跟夏國打仗，也抓了不少夏國的俘虜，而且還有一些有身分有地位的俘虜，种世衡叫來幾個，讓他們隔著門縫往裏看。你們給我看看，裏面那個人是誰啊？這幫俘虜一看，此人乃是我們國主身邊的紅人李文貴。种世衡心中暗喜，天助我也，元昊絕對是起了疑心了，把李文貴給派來了。行，文貴您就甭走了，在我這兒待著吧，我的王嵩你們不是也扣了嗎？你也在我這兒待著。直到什麼時候才把李文貴放回去的呢？兩國談和的時候。龐籍為了試探李元昊是不是要跟大宋談和，才把李文貴放回去。這邊一放李文貴，那邊就把王嵩也給放了，這兩間諜成了雙方談和的撮合人。和議一成，李元昊就琢磨著，野利旺榮叛國是板上釘釘的事了，如果要跟宋朝打仗，還有留著他的必要，現在既然已經與宋朝談和，留著野利旺榮毫無用處，因此下旨誅殺了野利旺榮。种世衡反間計的第一步成功了。

借刀殺人

种世衡得知野利旺榮被殺的消息，欣喜之餘，趁熱打鐵，緊鑼密鼓地著手實施下一步計畫——除掉李元昊的另一位心腹大將野利遇乞。雖然野利旺榮和野利遇乞都是后族外戚，但是野利遇乞驍勇善戰，手握重兵，更是深得李元昊的寵信。那麼，种世衡到底採取了什麼策略去除野利遇乞呢？

西夏以武力謀國，非常注重兵器製造業的發展，所製刀劍俱是削鐵如泥的利器。野利遇乞所佩帶的寶刀乃元昊親賜，更是鋒利無比。种世衡精心籌畫，欲從元昊所賜野利遇乞的這把佩刀上做文章，借刀殺人。

宋朝跟夏國接壤的邊境上有很多羌族部落，依據現在的研究結果，党項人其實就是羌人的一支，雖然他們自稱是鮮卑人的後代。在這眾多的羌族部落之中，有一位羌族的酋長，他爸爸跟野利遇乞是莫逆之交，這位酋長在野利遇乞家如入無人之境，野利遇乞把他看成是自己的子侄。种世衡請這位酋長到自己的將軍府，三日一小宴，五日一大宴，贈金贈銀，羌族酋長很是享受，樂不思歸。种將軍待我太好了，穿的是綢，吃的是油，天天還有金子、銀子拿，珍珠、瑪瑙、玉器，都是我這輩子沒見過的好東西，將軍您為什麼對我這麼好？也不為什麼，我這人就是仗義，好交個朋友，看大酋長你豪氣干雲，想交你這個朋友。但是我也有一個心願，聽說天都大王野利遇乞有一把寶刀，削鐵如泥，我是武將，特別喜歡這種精美的武具，很想見識一下這把寶刀，不知道這輩子有沒有緣分，能不能親眼看到。酋長一聽，這沒問題，不就是一把刀嗎？您發話，什麼時候要、哪天交貨，我給您拿來。种世衡說，咱們君子一言，駟馬難追。酋長一拍胸脯，絕對沒有問題，這把刀我一定給您拿來，您放心！我這就告辭了，現在就去，早日了了您這樁心願。酋長翻身上馬，直奔天都山野利遇乞的帥府。一路之上，快馬奮蹄，趕到帥府時，恰逢野利遇乞外出打獵，不在天都山帥府。這把刀平時他不捨得掛在身上，上陣殺敵的時候才用，平時就在刀架子上放著。酋長因為老爹與野利遇乞是莫逆之交，所以他進野利家沒人攔著，登堂入室，從刀架上取下刀來，掛到自己身上了，揚鞭而去。進入宋朝的國境，酋長把刀獻給了种世衡。將軍您看，是不是這把刀？种世衡拔出一看，寒光四射的寶刀，上面刻著李元昊的名字，太好了！

刀一到手，种世衡立刻命令間諜散布消息，恨不得嚷嚷得西夏境內盡人皆知才好：野利遇乞大王歸降大宋，以腰間佩刀為憑。旺榮歸降，沒有任何證據，李元昊都能弄死他，我說遇乞歸降，他的刀在我手裏，元昊更會相信了。种世衡接著散布說不幸此事被李元昊這個賊酋發現，將遇乞大王殘酷地處死了，大宋軍民悲痛異常，準備在邊境上做一場盛大的水陸法會，祭祀遇乞大王，讓西夏國中盡知大宋仁義。

种世衡緊鑼密鼓地找了一幫和尚，布置下去，打幡的、擊鼓的、吹嗩吶的，好不熱鬧，聲音弄得越大越好，這幫人深入西夏國境數里，當然了，分寸要掌握好，也別太遠，太遠跑不了了。一時和尚們在山頂上投放紙錢，這紙錢不知表面上塗抹了什麼東西，往火堆裏一扔，火光熊熊高達數丈。鼓樂喧天，悲涼的嗩吶聲響徹大地。然後，他們刻了一塊靈牌——野利遇乞大王之靈位，寫一篇祭文，也刻在木牌上，將木牌置於火中，刻意使其局部燃燒，關鍵的文字不燒，其他地方殘缺不全，目的只有一個，就是要讓李元昊能夠讀懂。大王棄暗投明，歸我大宋，不幸遇害，嗚呼哀哉，尚饗，類似這麼一通。寶刀擱在靈牌前面，大家跪拜，紙人、紙馬應有盡有。

遠遠地，西夏巡邏兵就發現了，山上有一堆火，打馬揚鞭，奔著祭祀場所就衝過來了。和尚們一看把西夏兵引過來了，任務完成，這幫人袈裟一脫，上馬就跑，比西夏兵都快，一會兒就沒影了。西夏兵來到祭祀現場一看，發橫財了，滿地精美的祭具，連香爐都是真金真銀，千兩黃金白銀做的祭品。大傢伙急著往懷裏裝，突然發現有一塊靈牌。他們祭誰呢？咱別光忙著往兜兒裏裝東西，咱得向上報告，看看祭誰，祭野利遇乞！領頭的軍官大呼不妙，旺榮叛變了，遇乞肯定心懷不滿，他也叛變了。再一看，旁邊擺著一把寶刀，拔刀出鞘，上有我們國主的名號，祭文還沒燃盡，火被和尚們自己弄滅了，夾出來一瞅，關鍵文字全能讀懂，急忙上報李元昊，野利遇乞也叛變了。物證確鑿，人證全跑了，沒想到這幫和尚跑這麼快。

李元昊的猜忌心就起來了，不需要人證，這是板上釘釘的事了。前幾年野利遇乞巡邊，就曾經深入宋境，數夜不歸，不知道他哪兒去了，由此來看，定是去找种世衡談判了。李元昊認為野利遇乞必反，野利氏必除不可。但是怎麼除？如果將野利氏滿門抄斬，城門失火殃及池魚，有一個人很可惜。誰呢？野利遇乞的老婆，因為我看上她了。野利遇乞的老婆沒藏氏，非常美麗，滿門抄斬，美人就沒了。怎麼辦呢？只賜野利遇乞一人死，美人留著。野利遇乞已經被下獄了，元昊的使者捧著這把寶刀去見野利遇乞，把刀雙手呈上，二話不說。您明白什麼意思吧？野利遇乞拔出這把失而復得的寶刀，百感交集，莫名其妙地丟了，莫名其妙地又回來了，但是這一次回來，不再是拿它上陣殺敵了。沒想到不死於寇，死於朝廷，野利遇乞仰天一歎，橫刀自刎。李元昊自毀長城，左膀右臂全都被除掉了。

尼姑寵妃

野利旺榮和野利遇乞雙雙遇害，李元昊抱得美人歸後，對沒藏氏異常喜愛，野利皇后頓時感覺到自己的地位岌岌可危，甚至其子寧令哥的太子之位也受到了威脅。日漸失寵的野利皇后憂心如焚，日思夜想該當如何是好。

野利皇后不傻，曾經親眼看到元昊對誰都那麼狠，怎麼就對我的前嫂子這麼好啊？這意思誰不明白？元昊歷次殺誰不是滿門抄斬啊，唯獨這次只殺我哥一人，特別把我嫂子留下。一番洞察之後，野利皇后頻繁勸說李元昊，身為國主，朋友之妻不可欺，大臣之妻更是萬萬不可欺。咱們現在是國家了，不是部落，你身為一國之君，江山社稷為重，迷戀女色成何體統？元昊也很慚愧，覺得野利皇后說得對，聽不聽另說，但是這個事確實不能這麼幹，至少不能這麼明顯地幹。於是，李元昊下令沒藏氏出家，為你亡夫守靈去吧。

出家歸出家，沒藏氏身居廟中可不是為了潛心修行，自她一入空門的第一天起，這廟實際上就改為李元昊的行宮了。與唐高宗到感業寺看武則天一樣，李元昊隔三差五「禮佛」，實際是去見沒藏氏，每一次貼身保鏢都如影隨形。俗話說紙裏包不住火，一來二去，時間一長，大臣們都心知肚明。李元昊一看，既然大家都知道了，一不做二不休，乾脆這事就甭隱瞞著了。此後，沒藏氏只是不進都城，不住皇宮，元昊外出遊獵，到行宮別館都帶著她。光陰似箭，日月如梭，一次遊獵的時候，沒藏氏騎在馬上，感覺腹部隱隱作痛，於兩岔河畔產下一子。李元昊高興異常，四十多歲又添兒子了。因為他別的兒子全死了，只剩太子寧令哥一根獨苗了，現在終於又生了一個兒子，我李家人丁不單啊！李元昊給孩子起名叫兩岔，等孩子長大，兩岔這名確實太難聽了，就用諧音叫諒祚。

沒藏氏生完諒祚之後，她的兄弟沒藏訛龐依仗自己的妹妹受寵，得到了李元昊的信任，待得張元一死，繼任國相。張元有野心、有本事，對元昊也是忠心耿耿，沒藏訛龐當國相，純粹只有個人野心。沒藏氏更不是一般女子，她知道，現在跟李元昊不明不白，不清不楚，沒名沒分地生這麼一個孩子無法面對天下人。我只有拼出一條血路，擠掉野利皇后的位子，取而代之，名正言順地當皇后，繼而立我的兒子為太子，方能保全我母子的性命，保全我沒藏氏一門的榮耀。

太子弒父

雖然李元昊只顧著寵愛沒藏氏，對野利母子日益冷落，但是野利皇后畢竟身為後宮之主，母儀天下，其子寧令哥更是貴為太子，沒藏氏和沒藏訛龐一廂情願想要除掉野利母子，並非是一件容易的事。那麼，沒藏兄妹最後又是如何得逞的呢？

正當兄妹倆苦思冥想之時，真是正想睡覺打瞌睡，馬上有人給送枕頭來了。李元昊很好色，不幸的是，他淨看上不該看上的人，比如這沒藏氏，大臣之妻就不該看上。還有更不該看上的，誰呢？自己的兒媳婦。隨著太子寧令哥歲數一天天長大，自然就要婚配，迎娶沒移氏做太子妃。不料沒移氏天生麗質，李元昊一見神魂顛倒，隨即把沒移氏納入後宮。元昊對兒子說，沒移氏歸我了，再給你找個更好的，你就別琢磨了。野利皇后那就更是雪上加霜，備受冷落了。母子倆這叫一個難受，整天以淚洗面。

太子越想越氣，我娘受我爹冷落，整天哭泣，我看得清清楚楚，兩個舅舅無故被殺，歷歷在目，我娶個媳婦，讓我爹橫刀奪愛，半道兒給弄走了，綱常倫理都不顧了。寧令哥越想越嚥不下這口氣，問計於自己的老師。他的老師是誰？國相沒藏訛龐。沒藏訛龐給寧令哥出主意，說奪妻這事你要都能忍，無地自容，老百姓的媳婦讓人搶了，都得跟人玩命，你一國儲君，媳婦被搶了，只會在這兒哭哭啼啼，問我怎麼辦，你是党項男兒嗎？你有血性嗎？你是騎馬長大的嗎？誰奪的你殺誰去啊！寧令哥一聽，我爸爸奪的，奪妻恨我要是報了，我不就得殺父嗎？沒藏訛龐說，這話我就說到這兒了，你看著辦，你也可以不去。皇上總有一天是要走的，只不過就是時間早和晚的問題。皇上早走一天，太子您早一日為君，何樂而不為呢？寧令哥一聽，我要是殺了我爹，能順利登基嗎？沒藏訛龐說，沒問題，我是國相，我是你的老師，你是我的學生，你把他殺了，你做皇帝，誰不支持，我也支持你。沒藏訛龐老奸巨猾，心裏想得特別好，兩邊押寶，哪邊贏了都是自己贏：如果寧令哥把他爸殺了，我就殺了寧令哥，立我外甥兩岔做皇帝，我還是太師國相，獨攬大權；如果是元昊把寧令哥殺了，也就是多忍幾年，兩岔還是皇帝。寧令哥只要一動手，我外甥兩岔肯定就是下一任皇帝了。於是，他不斷鼓動寧令哥，你去吧。寧令哥是個不折不扣的愣頭青，受了沒藏訛龐這一番鼓動，小夥子一時熱血沸騰，頭腦發熱，親率部下直奔皇宮。

守護皇宮的衛士一見太子爺來了，自然不敢攔阻，寧令哥衝進元昊的寢宮，正好看到元昊摟著自己沒過門的媳婦喝酒，一下新仇舊恨全上來了。寧令哥紅著眼睛，二話不說，衝他爹當頭就是一刀。李元昊躲得慢了點兒，腦袋躲開了，鼻子砍下去了。有意思的是党項人殺完俘虜會把俘虜的鼻子割下來做紀念，李元昊一生不知道割過多少鼻子，最後真是報應不爽，自己的鼻子被切下來了。寧令哥再想揮刀砍的時候，一看父親一張大花臉，鼻子上毛細血管豐富，血呼呼往外噴，有點兒害怕了，第二刀就砍不下去了，扔了刀轉身就跑。因為事發突然，原本守護元昊的皇宮衛士們沒有反應過來，直到此時，方才明白出事了，出大事了，太子弒父，這才一擁而上，把太子的隨從通通斬殺。太子一路狂奔，逃到國相沒藏訛龐的府上，告知國相，您讓我幹的事幹完了，我已經把我爸爸殺了，估計他是活不了了，反正腦袋跟血葫蘆似的，您擁戴我為帝吧。沒藏訛龐聞聽此言，立刻翻臉，大逆不道寧令哥，竟敢弒君殺父，人人得而誅之，拿下，處斬！太子當時就被殺了。太子爺糊里糊塗給了爹一刀，自己也挨了一刀。

李元昊傷勢不輕，須得趕緊搶救，但古代醫術水準不高，元昊自知不治，感覺自己要死了，僅剩一個兒子兩岔，還不到一歲。於是元昊遺命，由我的從弟委哥寧令承繼大統，家有長子，國有長君，為保夏國不能亂，因此讓我的弟弟來繼位。遺命下完，賓天歸西。元昊一蹬腿，沒藏訛龐立刻篡改詔旨，立自己的外甥兩岔為帝。元昊死後，廟號夏景宗。景宗去世，尼姑太后沒藏氏，抱著不滿周歲的兩岔登基為帝。寧令哥弒父身亡，殃及池魚，野利皇后受到牽連一併處死，野利氏家族的勢力徹底被掃清了。沒藏氏一門開始把持夏國的朝政。

不到一歲的兩岔繼位之後，又會發生哪些故事？尼姑太后最後的下場又是如何？

十

淫行太后

西夏的第二代皇帝毅宗李諒祚繼位之時，
嗷嗷待哺，未滿周歲，由其生母沒藏氏臨朝聽政。
由於沒藏氏曾經出家為尼，所以後人也稱她為「尼姑太后」。
沒藏氏掌權之後都做了哪些事？
為什麼沒藏氏執政期間，頻繁發動對宋、對遼的戰爭？
沒藏氏身為一國之母，為什麼突然被人暗殺，死於非命？

西夏國主李元昊父納子妻，亂了綱常，太子寧令哥鬧宮，給了老爸一刀，把李元昊的鼻子給削掉了，以至於李元昊傷重不治。臨死之前，李元昊立下遺命讓自己的從弟承繼大統。

元昊一死，大臣們按部就班，主張按照元昊的遺詔辦事，由他的從弟委哥寧令來繼承西夏的皇位。國相沒藏訛龐堅決反對，史籍上記載，沒藏訛龐說：「委哥寧令非子，且無功，安得有國？」（《續資治通鑑長編》卷一百六十二），他不是先帝的兒子，也沒有功勞，憑什麼讓他繼承皇位？準備遵守元昊遺命的大臣一聽沒藏訛龐持有異議，群起而攻之：「國今無主，然則何所立？不然，爾欲之乎？爾能保有夏土，則亦眾所願也。」（《續資治通鑑長編》卷一百六十二）你不遵守先帝的遺詔，先帝說立委哥寧令你不同意，那好，現在國家無主，您來幹？如果你能保有夏土，把太祖、太宗、景宗三代的江山保下來的話，那也行，我們大家也樂享其成，就立您沒藏訛龐當我們大夏的皇帝。沒藏訛龐一聽就惱了，立刻反駁道：「予何敢哉？夏自祖考以來，父死子繼，國人乃服。今沒藏尼娠，先王之遺腹，幸而生子，則可以嗣先王矣，誰敢不服？」（《續資治通鑑長編》卷一百六十二）你們怎麼能這麼說話呢？咱們大夏國自太祖太宗以來，都是父死子繼，沒有兄終弟及的，父死子繼，國人才能服。現在先帝爺歸天，雖然沒有成年皇子，但也不是膝下無子，我妹妹沒藏尼姑不是生了一個嗎？由他來繼承皇位的話，誰敢不服？沒藏訛龐是國相，權勢很大，他堅持立自己的尼姑姑妹妹生的孩子做接班人，其他大臣也無話可講。於是乎，他不滿周歲的外甥兩岔，也就是諒祚，承繼大統。李諒祚就是西夏第二代皇帝——夏毅宗。

夏毅宗繼位的時候不滿周歲，尚離不開母親之懷，顯然不能處理朝政。如此一來，沒藏氏名正言順，順理成章地當上了皇太后，尼姑一下變成太后了，沒藏訛龐繼續擔任國相，總攬朝政。西夏王權，盡落沒藏一族。

權落外戚

夏毅宗繼位不久，原本平靜的夏宋邊境、夏遼邊境戰事不斷，甚至遼國鐵騎還曾經一度攻陷了西夏的行宮。這究竟是怎麼回事呢？為什麼西夏會同時和宋、遼開戰呢？

沒藏訛龐攬權的時候，讓三大將分掌兵權，在外鎮守，所以一開始還有所顧忌。隨著這三大將陸陸續續病死，史籍記載，沒藏訛龐已經總攬了全國大權，「至是，權益重，出入儀衛擬於王者」（《西夏書事》卷十八）。他出入的儀仗隊，幾乎就跟國主沒有什麼區別了。「誅殺由己，臣民咸畏之」（《西夏書事》卷十九），他想殺誰就殺誰，國中的百姓、官員都對他怕得不得了。他為了給自己揚名，不斷地出兵侵擾宋境，我得讓別人看看我這位國相，上馬管軍、下馬管民，能文能武，要不然別人不服。他命人佔領了宋朝邊界地區二十里範圍內最肥沃的耕地。宋夏交界之處，西夏地方可耕地面積很少，如今佔有了這二十里範圍內的耕地，立刻解決了邊境的軍需問題。宋朝只要一抗議，他就吩咐部下出兵騷擾宋境，待到宋朝不聞不問，咱就開始種地，糧食收成之後運回去，不斷跟宋朝搗亂。

若要跟宋朝搗亂，必須得到遼的援手，西夏是向宋遼兩國同時稱臣的，咱跟宋搗亂，遼得支持咱才行。沒藏太后深知這一點，既然我哥哥不斷地跟宋打仗，為了得到遼的支持，我們一定要得到遼的冊命。此意已決，沒藏太后立刻派人到遼去請求冊命。沒有想到遼國皇帝非常看不起這位尼姑太后，一直到沒藏太后身死，夏國主也沒有得到遼的冊命。不但不冊命，遼竟然還幾次出兵攻打西夏，曾一度攻陷了元昊的行宮，連元昊從兒子那兒搶來的媳婦沒移氏都被擄到契丹去了。有可能沒移氏被俘，是沒藏訛龐兄妹成心見死不救。但是不管怎樣，先皇的媳婦都被人擄走了，在西夏國中，這是丟盡臉面的一件事。契丹、西夏一幹仗，宋朝很高興，馬上就對李諒祚進行冊封，遼不封你我封你，而且歲賜銀絹。

太后之死

宋朝冊封李諒祚為西夏國主後，由於李諒祚年幼，依然由沒藏太后臨朝聽政。而沒藏太后身為一國之母，本可以盡享富貴，但是萬萬沒想到，不久她突然被人暗殺，死於非命。那麼，沒藏太后究竟是因為什麼引來殺身之禍的呢？

沒藏太后青年寡居，西夏又不像中原王朝禮法森嚴，太后經常濃妝豔抹，穿著時髦的衣服，輕車簡從，招搖過市，歌舞宴飲，通宵達旦。先帝爺歸天之後，太后養了兩個面首，還都是熟人。

第一個面首是她的第一任丈夫野利遇乞大王的管家李守貴。遇乞大王被害之後，守貴經常來安慰她，很容易地就把太后沒藏氏搞定了。第二個是李元昊的貼身侍衛。以前李元昊去廟裏找沒藏氏的時候，這個貼身侍衛就在門口站著，熟門熟路，知道上哪兒去找沒藏氏。李元昊的侍衛官是党項人，守貴聽名字像個漢人。太后與侍衛官情到深處，如膠似漆，不知不覺就冷落了守貴。不料想守貴真夠厲害的，因妒生恨，怒從心頭起，惡向膽邊生。你不仁，休怪我不義。他雇了幾十個刺客，伏在沒藏太后和第二任面首遊獵歸來的途中，趁著月黑殺人夜，風高放火天，一襲成功，把太后和她的第二任面首殺掉了。沒藏太后之死說出去實在是不光彩。

沒藏太后一死，沒藏訛龐立馬起兵，誅殺李守貴。可憐諒祚年僅九歲，如此年幼，父母雙亡，變成孤兒了。事已至此，沒藏訛龐把李諒祚接到自己的府中撫養，國相府就代替了皇宮，成為了全國的政治中心，然後還把自己的女兒嫁給李諒祚。沒藏訛龐現在在西夏是三重身分：皇上的舅舅、皇上的老丈人、國相。李諒祚的皇后也是沒藏氏，雖然皇上才九歲，但已結婚了。

鬥法岳丈

由於西夏毅宗李諒祚年幼，沒藏訛龐得以有國相、國舅、國丈的三重身分，一時權傾朝野，西夏朝政基本上一切都聽命於沒藏訛龐。沒藏訛龐的權力之大，幾乎就等同於一國之君。時光荏苒，李諒祚逐漸長大，他也越來越對沒藏訛龐的專權跋扈感到不滿。那麼，李諒祚會如何從沒藏訛龐的手中奪回自己的權力呢？

隨著夏毅宗年齡一天天增長，他對自己的舅舅兼老丈人專權十分不滿意。我是皇帝，我長大了你理應逐漸把政權歸還於我，憑什麼整天吆五喝六？而且別看小皇帝歲數不大，但是經歷坎坷，一歲喪父，九歲喪母，從小又是作為一個國家領導被培養的，跟一般小孩不一樣。他看慣了波譎雲詭，刀光劍影，所以為人處世，應變的能力非常強，要不然他怎麼活下去？漸漸地，他開始暗中結交朝中對沒藏訛龐不滿的大臣，特別是有兵權的大將。只要誰對沒藏訛龐不滿，皇帝一定有厚賞，經常召見，歌舞宴飲，無話不談。

夏毅宗最信任的兩位大臣，是他的兩個奶媽的丈夫。這兩位總跟他講，沒藏訛龐有不臣之心，他專權禍國，老百姓怨聲載道，大臣們也十分不滿，哪個御史又上疏彈劾了，但卻被沒藏訛龐給壓下來了。皇上聽到此處攥著拳頭咬牙切齒，指天發誓，有朝一日，我能真正掌權，非誅殺這老賊不可。俗話說世上沒有不透風的牆，這些話逐漸傳到了沒藏訛龐耳中，沒藏訛龐找了個藉口就要把這兩位大臣誅殺了。找的藉口倒也不是完全無中生有：其中一個是放高利貸盤剝百姓，證據確鑿，罪該萬死；另一位是被人告發曾經偷穿過先帝爺的盤龍服。如果這盤龍服我一直在身上穿著，你看見了，我認罪；但如若只是哪天我覺得好玩，比畫了一下，有人把我告發了，沒有物證，只有人證，不足以坐實罪名。但是以沒藏訛龐此時掌握的權力，只要有人告發你，我就可以一手遮天，定你個死罪。因此，這兩個人下獄要論死。

正當兩位大臣生死攸關之時，毅宗李諒祚出面來求自己的老丈人兼舅舅，這兩位大臣不能殺，我跟他們感情很好，他們兩位的妻子是我的乳娘，我是吃她們的奶水長大的。如果她們的丈夫被殺了，我有什麼顏面去見我的兩位乳娘？沒藏訛龐不聽這一套，愣是把這兩位大臣處死了。這時候李諒祚對沒藏訛龐的怒火就已經上升到了頂點，我忍了你這麼多年，你非但沒有悔改之意，反而變本加厲，現在已經跟我比肩了，連我乳娘的丈夫，我都保護不了，我還有什麼顏面去見天下臣民百姓？自今日起，你我勢如水火。只需兩個人之間再擦出一點兒小火星，就到了圖窮匕見的時候，就得你死我活。

很快，火星就出現了，而且是燎原大火。什麼事能讓李諒祚跟沒藏訛龐徹底掰了呢？事情說出來很有意思，李諒祚跟沒藏訛龐的兒媳梁氏私通，而李諒祚當時只有十四歲。沒藏訛龐的兒子特別生氣，皇上怎麼能這樣？朋友妻不可戲，兔子不能吃窩邊草，他可倒好，枕頭邊的幾根都給啃了，這叫什麼事啊？他就跟自己老爹說，是可忍孰不可忍，沒有您就沒有這小子的今天，他怎麼能當皇帝呢？本來這皇位是委哥寧令的，是您力主，這小子才當了皇上，他不但不感念咱們家的大恩，還把我老婆拐跑了，您說怎麼辦？沒藏訛龐一開始左右為難，一邊是自己的外甥，一邊是自己的兒子，雖然兒子更親，但是外甥是皇上，也是自己一手拉扯大的，不看僧面看佛面，怎麼著也得看妹妹的面子，沒有妹妹，自己也當不上國相，這事很不好辦。

後來，隨著時間的推移，沒藏訛龐逐漸看出來皇上外甥根本就沒拿自己當回事，外甥結交的都是反對自己的大臣，早晚有一天會對他下手。既然這樣的話，乾脆咱先下手為強，把他幹掉得了。於是沒藏訛龐就把兒媳婦梁氏叫來了，你那些醜事，我們都知道了，但是我們既往不咎，現在給你一個立功贖罪的機會。你到宮裏把皇上請來，然後你就甭管了，你的任務就完成了，以後咱們還是一家人，該怎麼過日子怎麼過日子。梁氏表示明白了，我錯了，我以後再也不這麼幹了，起身就奔皇宮去了。

毅宗親政

沒藏訛龐父子設計要除掉西夏毅宗李諒祚，但是梁氏真的會乖乖聽他們的話嗎？李諒祚究竟會不會中計呢？

梁氏進了皇宮見到李諒祚就說，那爺兒倆要害你，你可千萬不能去。甭說梁氏，換了誰這個道理都能想明白，皇上腿粗還是你沒藏訛龐腿粗？我在你沒藏訛龐這兒，屬於過錯一方，我就是聽了你的話，誘了毅宗皇帝來，你把毅宗皇帝殺掉，我也沒有好果子吃。不如我投奔皇帝這邊，一不留神還能混成個皇后，我幹嘛非得幫著你啊？弒君是什麼罪過？李諒祚再不對，也是皇帝，皇帝想幹什麼就幹什麼。普天之下莫非王土，率土之濱莫非王臣，誰人規定皇帝選妃，只能選未婚的？所以見了皇上，梁氏就全都說了。皇上一聽，既然事已至此，我也沒有退路了，那就別客氣了，你也就別怪我不念骨肉親情了。於是，皇上下旨召沒藏訛龐父子進宮。沒藏訛龐父子以為梁氏做內應了，爺兒倆樂顛顛就來了。一進宮門，最仇視沒藏訛龐的一位大將率領皇宮禁軍就把兩人捆了。然後在金殿之上，皇上一一歷數二人專權誤國的罪狀，得出結論，理當處斬，推出去就給砍了。沒藏氏滿門抄斬，全都殺盡，包括沒藏訛龐的女兒，也就是李諒祚原配皇后沒藏氏。當時皇上問皇后，你打算怎麼辦？皇后哀號欲自盡，說我父兄都死了，我自殺得了。皇上說，你覺悟挺高，那你就去吧。皇上等的就是這句話，沒藏皇后自盡身亡，梁氏就被立為皇后。這一年，毅宗李諒祚才十五歲，盡誅國相一門之後，名至實歸，開始親政了。

毅宗親政之後，做了幾件事，他的政策跟父皇李元昊比起來有一些區別。

第一，親政的當年，他就派人把沒藏訛龐侵佔的宋朝耕地歸還給宋朝。我那奸臣舅舅不懂事，現在已經被誅殺了，現在土地奉還，兩國友好，不要再打仗了。宋朝當然高興，沒藏訛龐當政的時候，討要了這麼多年沒要回來，這小夥子行，十五歲的人就能幹出這樣驚天動地的大事來。

第二，恢復漢禮，不用蕃禮。李元昊的時候採用本民族的禮節，毅宗恢復漢禮，並向宋朝求取四書五經、《冊府元龜》等典籍。宋朝大量賜予，跟我要書是好事啊，就怕你不要，只要你捧起書本來一「子曰詩云」，一定會產生強烈的自卑感，這事多好啊！需要老師嗎？跟著一塊兒去，教授儒學，讓西夏由尚武變成崇文，這不是好事嗎？

第三，宣布恢復唐朝賜姓的李氏。最早姓拓跋，之後姓李，再後姓趙，最後姓嵬名，轉了一圈現在又回去了。

第四，向宋朝請求通婚。您能不能嫁個公主過來？這個要求被宋朝拒絕了。宋朝拒婚的藉口特別逗，你現在雖然恢復姓李了，但你別忘了，大宋也賜過你姓趙，既然你曾經姓趙，同姓不婚，你就不能娶趙家的女孩了，你們是兄妹，這事有違人倫啊！但是你要文化典籍、絲綢、瓷器、茶葉，這都沒有問題。宋朝還恢復了邊境上的榷場，跟西夏做買賣。

夏毅宗還在朝廷中設立了很多漢族名稱的官職，把元昊時期實際上已經開始的蕃漢分制的策略繼續推行下去。這幾項措施一施行，沒藏訛龐當政時期衰落的西夏國力，在諒祚親政不久，逐漸恢復了。

戰火又起

西夏毅宗李諒祚親政之後，不但主動歸還宋朝土地，而且重用漢族大臣，這一切都是為了和宋朝緩和關係，從而和平共處。但是好景不長，突然有一天出事了，夏宋邊境戰火又起。那麼，究竟是什麼事引發了兩國的戰爭呢？

有一年，夏國派使臣去宋朝賀正旦，跟宋朝的館伴使發生了衝突。宋使口出大言，說你小子等著，我們大宋將提一百萬兵踏入賀蘭巢穴。夏使回去之後就向毅宗李諒祚奏報。李諒祚覺得這是宋朝對他的侮辱，既然這樣的話，我倒要讓你宋朝看看，我們夏國也不是好惹的。李諒祚親率數萬大軍，攻打宋朝的邊境各州。但是李諒祚此次出兵，與李元昊不同，李元昊出兵真的是想攻城掠地，直入長安，以圖與宋、遼鼎足而三，再不濟也能搶點兒東西。李諒祚出兵更多的是向宋朝顯示一下實力，並不深入宋境，打下來的地盤一般也不佔領，搶完了就走。一時兩三年間，邊境上戰火不斷，但雙方使節不絕。雖然仗不斷地打，但是每年春節賀正旦，對方皇帝過生日去賀萬壽節，皇后過生日去賀千秋節，從未間斷。

李諒祚力圖在宋、遼、西夏三國之間保持一種平衡，不能夠跟宋朝徹底鬧翻，但是我要顯示，讓你知道我的實力。否則，貿易、榷場這些東西全沒有了，我們夏國經濟民生會很困難。而且我不能讓遼有機可乘，如果我要跟宋打個你死我活，那遼就漁翁得利了。咱們講遼、宋、西夏也好，後來的遼、金、宋也好，蒙古、金、南宋也好，都類似於三國時期魏、蜀、吳的關係。應該是兩個弱國聯合，對抗強國，才是自保之道。李諒祚很明白這個道理，我可以跟宋朝鬧，因為宋朝好惹，鬧過之後，銀子、綢子、瓶子這些玩意兒就都有了，但是絕不能鬧翻，不能給遼以可乘之機。所以每次李諒祚跟宋朝打仗總是佔把便宜就走，當然了，也有佔不著便宜的時候。

有一次李諒祚親臨戰場，游牧民族的皇帝都是馬上天子，親冒矢石。這次他打扮得過於惹眼了，本來他就是一個小屁孩兒，少年天子，地球人都知道。宋軍一看他那身耀眼的打扮，純銀色的甲胄、龍袍、垂著紅纓的皇冠，後面立著大纛旗，大隊侍衛隨護。宋軍當即鎖定了狙擊目標，不射別人了，萬弩齊發，奔著李諒祚就過去了。雖然護衛拼死抵抗，但是箭矢還是射穿了李諒祚的鎧甲，當然所受之傷不至於致命。李諒祚逃回去之後，覺得宋朝還真是不能小視，一個邊境小城都差點兒一箭把我射死了，趕緊跟宋朝請和。我錯了，咱們兩國還是和好如初吧。宋朝一看，既然你知道錯了，我也不願意生事，和好就和好吧。於是宋、夏繼續和好。

李諒祚在位的這些年，跟宋朝雖然打打停停，但是沒有大的戰爭。按照常理說，當個太平天子，順順當當也就一輩子了。沒想到諒祚這孩子命苦，二十一歲駕崩了。《西夏書事》卷二十一記載：「諒祚生未周齡，突遭大故。」諒祚生下來不到一歲就遇到大的變故，一歲喪父，九歲喪母，全趕上了。「斯時李氏箕裘，岌岌乎殆哉！」當時他們李家的江山社稷危如累卵，快完蛋了。「而數載之後，即能親攬大政，坐收兵權。見契丹之強則事之，偵訛龐之叛則誅之，遵大漢禮儀以更蕃俗，求中朝典冊用仰華風，皆元昊數十年草創經營所未能及者。」諒祚這孩子親政沒幾年，幹得有聲有色。見契丹強就服軟，老大，您冊封我吧，我再也不跟您搗亂了。訛龐要叛亂，就把訛龐誅殺了。用漢禮取代了蕃禮，求中朝的典冊，用中原的禮法來治國，這是元昊數十年都沒能幹成的事啊。所以，諒祚在夏國的歷史上還是一位非常有作為的君主，可惜天不假年，二十一歲就駕崩了。

比党項還党項

西夏毅宗李諒祚去世之後，其子李秉常繼位，史稱西夏惠宗。因為李秉常時年僅八歲，就由其生母梁太后臨朝聽政。這位梁太后雖然是漢人，但是在她掌權時期，卻頻頻發動對宋的戰爭，這是為什麼呢？

梁太后聽政，安排自己的弟弟梁乙埋做國相，與當年的沒藏氏專權如出一轍。梁氏雖然是漢人，但她在位時期的所作所為，完全維護党項貴族的利益。為什麼這樣？其實一琢磨，道理也很簡單，梁氏是漢人，在党項做太后，我不是人家同族，那麼我就得做得比党項人還党項人，才能讓党項人覺得我是自家人。這就好比只說英語的華人往往比洋人還洋人一樣。梁太后一上臺就宣布，李諒祚時代的所有漢化措施一概廢止，恢復蕃禮，服裝也恢復党項式樣，禿髮左衽，重環垂耳。然後她還不斷出兵攻打宋朝的邊境。

宋廷一看，本來對我們很友好的那個孩子去世了，他老婆太壞，不斷騷擾我們的邊境，因此告誡沿邊州郡，嚴加戒備，防止西夏興兵攻打。西夏打了幾次，雙方互有勝負。

有一次，夏軍深入宋境，宋軍反攻的時候，行圍魏救趙之策，我不打你的主力部隊，而是去進攻你的城寨，迫使你退兵。但當宋軍攻進西夏城寨之後發現，城中只有幾百老幼婦孺，領兵的將領貪功心切，把這幾百人全殺了。屠城之後得意洋洋地班師而回。西夏遭遇此劫，梁太后急忙報於遼國皇帝，我是你的臣子，現在宋跟我打仗，你得出兵助我。遼國口惠而實不至，說得特漂亮，沒問題，宋朝太欺負人了，我不能允許他這麼對待你，我派三十萬大軍助陣幫你。遼國三十萬大軍屯駐於宋遼邊境，遼軍不可能真的進入夏境幫西夏打仗，那三十萬大軍在宋遼邊境，只是向宋施加一下壓力而已。可能平時宋遼邊境的駐軍也不少，所以宋朝也沒拿遼國當回事，知道遼國也不可能為了西夏真出兵。澶淵之盟後雙方和好這麼多年了，你為他犯得著嗎？宋軍主力仍然在西線繼續與夏軍激戰。

梁太后親率數十萬夏軍猛攻宋朝的重點城寨，眼瞅城寨不保，馬上要陷落的時候，城中的一個妓女主動請纓，我有辦法退夏兵。大家哈哈大笑，你能有什麼辦法？她說你們瞧好吧。就見她爬上城樓，開始痛罵夏軍，罵得那叫一個難聽，而且她專門罵梁太后，把梁太后祖宗八代、三世因果全給講出來了。她原來是沒藏訛龐的兒媳婦，怎麼跟你們先皇私通，怎麼殺死自己老公、殺死自己公公，然後才有了今天。這一番話一出口，幾十萬夏兵羞得抱頭而退，一場大難消弭於無形。宋軍這一次是出了氣了，比諸葛亮罵王朗還痛快，王朗是文人，心眼兒小，被罵幾句摔下馬來死了，但不影響魏軍打仗。這可倒好，幾十萬夏兵，一聽我們國母娘娘敢情這樣，都跑了。甭說在中國古代戰爭史上，就是在世界戰爭史上也是罕見的奇蹟，可以大書特書一筆。

梁太后被罵走了之後，很不甘心，整軍精武還想再打一仗。但是她琢磨，我讓人那麼痛罵一通，大家都知道我以前的出身很不光彩了，現在我必須幹點兒漂亮事。我兒子逐漸長大成人了，我就不能再攬權了，得把朝政還給兒子。但是秉常太小，我不太放心，我弟弟得繼續做國相，秉常得娶他舅舅的女兒做皇后。主意一定，梁太后就作主，把侄女梁皇后嫁給了夏惠宗，也就是說夏朝第二和第三代皇帝的皇后都姓梁，第三和第四代皇帝時候的太后也都姓梁，所以梁家非常有名，一門兩后。梁太后把朝政還給了李秉常之後，是不是就真的由李秉常作主了呢？

十一
破宋五路

梁太后還朝政於李秉常之後，西夏朝政發生動盪，
宋神宗認為討伐西夏的時機已到，
決定集結大軍，兵分五路，大舉進攻西夏。
那麼，西夏朝政到底發生了怎樣的變故？
內憂外患之下，他們將如何招架宋神宗派出的這五路大軍呢？

梁太后領兵伐宋，被人罵跑了，她感覺很丟人，窩了一股火。隨著兒子長大成人，梁太后就把政權還給了兒子夏惠宗。惠宗一親政，覺得我可有今天了，老媽壓了我這麼多年，終於可以揚眉吐氣了，所以一反母親的執政路線。第一，你用蕃禮，我用漢禮。第二，你跟宋打仗，我跟宋和好，你佔領的宋朝土地我全部要歸還。這樣一來，梁太后和國相梁乙埋就不幹了，兄妹一心，其利斷金，兩人聯手把李秉常幽禁了，梁太后第二次執政。皇帝被幽禁，很多支持皇帝的大將擁兵自重，不再聽朝廷調度。甚至有的將領投奔了宋朝，把夏國的虛實盡數告訴了宋朝，請求宋朝出兵，討伐國賊，助我們皇上復位。當時宋朝在位的皇帝是宋神宗，北宋第六代皇帝。神宗皇帝一心想恢復太祖太宗時期的榮光，當政時重用王安石推行變法，國力強盛，府庫充盈，西夏是他心腹之患，念茲在茲。坐鎮西北的大將种諤，稟奏皇上：「夏國無人，秉常孺子，臣往持其臂以來耳！」（《宋史・种諤傳》）西夏國中無人，李秉常一個小破孩兒，微臣去他國中，捆李秉常送於闕下。

神宗覺得自己國力很強，又有這樣知兵的大將，而夏國無人，母子失和，君臣離心，良機已到，稍縱即逝，此天賜夏國於我，如果不取，對不起老天爺啊！秉常是朝廷所封的夏國主，什麼罪過都沒有，就被他媽給囚禁了，於天理不合，於人情不通，於國法不容，沒有一樣說得過去。因此宋朝以李秉常被幽囚為藉口，發布聖旨，我們大宋替天行道，「興問罪之師」，號召夏國軍民起而攘之，「共誅國仇」，希望夏國軍民明曉大義，配合宋朝大軍一舉把梁氏集團鏟盡，好讓弱主復位。詔書堂而皇之，氣勢軒昂，大部隊就調動起來了。宋朝這一次志在一舉消滅西夏，兵分五路伐夏。

第一路，宦官李憲任主帥，領兵七萬。

第二路，宦官王中正任主帥，領兵六萬。

第三路，太后的叔父高遵裕任主帥，率兵九萬。

第四路，就是跟皇上誇口，秉常孺子，我一拎胳膊把他給拎來的那位大將种諤任主帥，領兵九萬。

第五路，兵力最少的一路，主帥當然也就是官職最低的，都總管劉昌祚，領兵五萬。

五路大軍總共三十六萬人馬，旌旗蔽日，金鼓震天，殺向西夏。

御前定計

北宋派出的這五路大軍，領兵的主帥不是宦官就是外戚，外加一個牛皮將軍，聽起來似乎都不是能征善戰之將，但是，畢竟五路大軍加在一起，人數多達三十六萬，來勢洶洶。如此大軍壓境，西夏會如何應對呢？

一開始西夏到處布防，你幾路來，我幾路擋，你來了三十六萬，而我們夏國全民皆兵，能戰之軍號稱五十萬，分兵抵抗。但是宋軍有備而來，夏國猝不及防，連連失敗，喪失了很多堡寨。在這種情況之下，梁太后召開了御前軍事會議，群策群力商量這仗該怎麼打。

御前軍事會議召開的時候，《宋史》卷四百八十六記載：「梁太后問策於廷，諸將少者盡請戰。」年輕將領都要求跟宋軍決戰，有什麼可怕的？矛來盾擋，水來土掩，打他個稀里嘩啦，讓他們知道知道我們党項武士的厲害。但是，「一老將獨曰：『不須拒之，但堅壁清野，縱其深入，聚勁兵於靈、夏而遣輕騎抄絕其饋運，大兵無食，可不戰而困也。』梁后從之」。一位老將跟梁太后說，太祖、太宗、景宗的時代，之所以屢敗宋師，咱們的法寶就是游擊戰，不要跟他兩軍對圓，兵對兵，將對將，槍對槍，桿對桿，咱不幹這種事。把他放進來，誘敵深入，關門打狗，咱們堅壁清野，囤積重兵，準備反攻。在囤積重兵的時候，輕騎四出，截斷他的糧道，大軍無糧，不戰自潰。梁后一聽，果然是好主意，採用了這員老將的計策。

國相梁乙埋下令給十二監軍司的統軍，宋兵一來，能戰則戰，不能戰就跑，不能跑就降，不要求你們誓與陣地共存亡，不在乎一城一地之得失，保住有生力量是最主要的。你就算投降宋軍，朝廷也不追究你，等什麼時候大軍反攻的時候，你再回來就好了。十二監軍司得到旨意之後，乾脆就開開大門迎接王師，宋軍進展得非常順利。尤其是李大公公這一路，一進夏境，夏國的守將望風而降，一路上光俘虜就抓了一萬多。宋朝大軍離夏國的城寨還二十里地呢，守將帶著一千多士兵，就在地上跪著迎接了，跪得這幫人都煩了，宋軍怎麼還不來？一會兒宋軍終於來了，大喊著讓夏軍投降，一看四門大開，早在那兒迎候您呢。但是不好意思，您來了，我們這兒沒糧食，既然我們已經歸順王師，我和手下這一千多弟兄，您得管飯吧？李大公公說沒問題，你們順天應命，歸降大宋，給我們做嚮導，管飯不算什麼，來吧，軍中有什麼好吃的，儘管吃！我吃肉不能讓你喝湯。這些降卒給宋軍當嚮導，淨帶著宋軍走瞎道，在沙漠裏轉了一天，哎呀，對不起，我記錯了，應該往北，得，咱折回去吧。沙漠裏缺水少糧，隨軍所帶的給養如何經得起這般折騰，李大公公這一路，不用開仗就被拖垮了。七萬多士卒，逃散的就三萬多，都不是被西夏軍隊打的，而是被沙漠、缺水、缺糧給弄的，被這些降卒給搞的。降卒好心好意給你帶路，誰想到你們這麼嬌氣呢？誰想到你們就逃散了呢？宋朝每次跟西夏打仗都是這樣，一開始很順利，這是人家誘敵深入，只要一進夏境，人家就刨好坑了，宋軍記吃不記打，前仆後繼地往坑裏跳。從李元昊的時候，幾次大仗下來，宋軍都犯這毛病，改不了，見城就搶，見駱駝就牽，見馬就騎，就沒想到前面要啥沒啥。李大公公這一路一開始很順利，後來就被拖垮了。

种諤那一路，九萬大軍攻入夏境，首戰米脂。米脂的夏軍統帥也是梁后家族成員，率八萬大軍迎戰，大敗而回，也不知道真敗假敗，反正是被打跑了，米脂守將打開城門投降。种大將軍進入米脂後，圍攻下一個州縣。州縣守將一看，八萬大軍都沒擋住宋軍，就我這千把來人，逞什麼能啊，開開城門也投降了。种將軍非常得意。

种將軍這一路人馬雖然多，但皇帝的旨意是，這一路兵馬要受王中正王大公公調遣。种將軍打了勝仗之後，給朝廷上表說能不能我這一路獨立行軍，見機行事，別受王大公公調遣了。神宗皇帝當時正在興頭上，种將軍把那麼多州縣都收復了，好啊，既然你願意獨立一路，朕准奏，你就單獨行動吧，不用聽王中正的了。

本來宋軍兵分五路，就犯了大忌，等於把拳頭岔開了，五個手指頭伸出去打人。宋軍是一個大拳頭，西夏是個小拳頭，拳頭碰拳頭，西夏可能就完了。問題是宋軍五指一伸開，西夏攥緊了拳頭一個一個砸，這就沒問題了。宋軍如果有一位總帥，還能居間調度配合，現在誰也不聽誰的了。种將軍得到聖旨之後，信心大增，收復了銀州。銀州是當年党項世襲的五州之地中的一州，從拓跋思恭時代就被党項佔有的領土，居然被收復了。捷報送到朝廷，皇上高興瘋了。

王中正王大公公這一路行動緩慢，王大公公手下的將領們就按捺不住了。你看人家都已經收復了那麼多州郡，咱們一直在沙漠邊緣慢吞吞地走，損失了不少兵馬，咱這六萬多人，可能還剩五萬了。到目前為止，咱才弄了三十多顆腦袋，拿什麼跟朝廷請賞啊？再不進軍的話，這功勞可就都被人家搶走了。王大公公一聽也是，种諤原來是我的手下，現在雖然不聽我調遣了，但他畢竟是武將，他會打仗，他立了大功，我心裏不痛快歸不痛快，但我還能忍。李大公公跟我一樣啊，我們倆都是皇上身邊伺候的人，人家也立這麼大的功。我再不行動的話，靠什麼去請賞啊？所以王大公公下令，衝進宥州。宥州也是党項世居的五州之地，宋軍衝進去一看，城裏只有五百多男女老幼，通通殺掉，把人頭獻給朝廷，現在咱有五百三十顆腦袋了。宋軍克復宥州，捷報頻傳。

眼見王大公公、李大公公、种大將軍都立功了，高外戚就著急了。我乃是太后的弟弟，皇上的舅舅，此番統兵手下也有將近九萬大軍，到現在為止尺寸之功未立，回去有什麼臉見外甥？高遵裕下令，抓緊時間行軍。兵至西夏的一座堡寨，西夏守將開城投降。這位守將姓嵬名，顯然是皇族，皇族都投降了。高國舅十分得意，下令大軍繼續進發，沿途攻無不克，戰無不取。

高遵裕不懂兵法，但是地位太高，沒人敢勸他，他就沒有看到自己沿途攻佔的所有州縣，沒有殺死或俘虜一個夏兵，基本上都是一座一座的空城，而且也沒有得到一粒糧食。這些將領向朝廷報捷的時候，這個說把西夏皇宮御莊裏藏的一百萬石糧食全部繳獲了，那個說我繳獲了三十萬石，另一個也說繳獲了幾十萬石，慘點兒的也奏稱繳獲了一萬多石。朝廷一看大軍能夠取糧於敵，太好了，不用送糧了。朝廷哪能想到這幫將領全是謊報，到哪兒去找一百萬石糧食？夏國人走的時候把糧食搬得一粒不剩。真有一百萬石糧食，帶著它怎麼行軍啊？大軍越往前走，越陷入無水無糧的困境。

貽誤戰機

由於西夏採取誘敵深入的戰略，所以北宋五路伐夏，前四路大軍，根本就沒有與西夏軍正面交鋒，反而是擁兵最少的第五路軍，卻碰上了西夏軍主力。那麼，這支由劉昌祚率領的第五路大軍，遭遇西夏主力之後是如何應對的呢？

劉昌祚的第五路大軍遇到了夏國的主力部隊。劉昌祚是都總管，他在五路大軍統帥裏官銜最低。五位統帥中真正會打仗的兩員武將，原本都受別人節制。种諤种將軍本來應該受王大公公節制，但現在可以不受了，而劉昌祚至少目前還受高國舅節制。劉昌祚這員武將常年生活戰鬥在邊境，跟夏國人打過仗。他這一路遇到了夏國的主力十多萬大軍，劉昌祚將軍身先士卒，殺散了不少夏兵，夏軍退去，他以五萬軍隊擊敗夏國十萬大軍。夏軍退去之後，劉昌祚給朝廷上表說，繳獲了很多糧食，實際上也是謊報。西夏軍隊退去，也有可能是誘敵深入，下一步是前進還是原地待命，劉將軍拿不準主意了，因為高國舅一時半會兒到不了，左等不來，右等不來。劉將軍就給皇帝上表，我能不能不聽高國舅節制，獨立行軍？表奏上去後，不等朝廷的答覆，他就率領兵馬北上，一鼓作氣打到靈州城下。靈州乃是西夏太祖繼遷的時候從宋朝手裏奪過來的，宋朝丟失靈州，絲綢之路就徹底斷絕了。現在，劉昌祚大軍兵至靈州城下，準備圍城攻打。

此時高國舅已離開了自己的駐地，率領大軍慢吞吞地向靈州進發。途中收到了皇帝的手諭，國舅打開一看，皇帝告訴他，劉昌祚不識大體，難以勝任其職，要求高國舅到了前線，立刻撤掉劉昌祚，另擇能將代之。看來劉昌祚給皇帝上疏，要求自率一路，不聽高國舅調遣，把皇帝惹怒了。你以為你是誰啊？你敢不聽我舅舅的？种大將軍不聽王大公公的，我能夠同意，你別有樣學樣，你跟种大將軍能比嗎？我舅舅也不能跟王公公一樣啊！高國舅看完這道手諭，還沒來得及處理呢，探馬來報，劉昌祚的部隊已到達靈州城下。高遵裕一聽，太好了，人馬趕緊行動，與劉昌祚的部隊會師，兩路合兵，一共十幾萬大軍。靈州此時空城一座，城裏邊僅有的成壯年男子，就是幾百個和尚、道士，因為和尚、老道不服兵役嘛，其他凡是能拿得動槍的，都在外地打仗呢。如果乘此良機劉將軍衝進靈州城，攻破靈州易如反掌。但高國舅怕劉將軍搶頭功，心想你已經被革職了，你別搶功，馬上派快馬告訴劉將軍，不得輕舉妄動，不許進入靈州。劉將軍只得望城興歎，幾萬人馬就在靈州城下，坐看戰機貽誤，白白地喪失了這個良好的時機。

高國舅大軍到了之後，第一件事就是向劉將軍出示神宗皇帝手諭。你這個人好大喜功，不識大體，皇上現在已經下令把你給撤了。你現在已經不再是統帥了，由手下的將領代替。但是，被指命代替劉昌祚的將領覺得自己不是這塊材料，而且我們這一路上破關斬將，能夠打到靈州城，都是我們劉大帥的功勞，現在關鍵時刻，臨陣換將，乃兵家之大忌，我也不能幹這種不仁不義的事。況且我知道自己是吃幾碗乾飯的，堅決不幹。高國舅也沒轍。既然這人他不願意幹，好，劉昌祚你革職留任，戴罪圖功。但是你別忘了，你現在已經不是統帥了，只是還幹統帥的事。我不是統帥了，怎麼能幹統帥的事呢？我往下發布命令，怎麼署名？前總司令？誰理你這個前總司令啊？你是總司令你可以司令，你不是總司令，你司的哪門子令啊？誰還聽你的令啊？更有甚者，高國舅千不該萬不該，把劉將軍這一路人馬的繳獲全部給沒收了，牛羊、糧草、駱駝、馬匹，全部沒收。劉大帥的士兵憤憤不平，就因為你是皇上的親娘舅，你就幹這種事？那以後再打仗的時候，你們上吧，我們在後面當觀眾，出工不出力了。接下來，高國舅下令攻城。

破宋五路

兩軍交戰，形勢瞬息萬變。由於高遵裕忙著處理劉昌祚，而貽誤了攻打靈州的最佳戰機。如果再想攻打靈州城，可就沒那麼容易了……

首先夏軍已經開始回防了，城裏已經不光只有和尚、老道，也有士兵了。其次，宋軍輕騎突進，糧草都沒帶夠，就更別提攻城器械了。宋軍原本想的是我軍一攻進夏境，夏軍主力迎擊，野戰殲滅了夏軍主力之後，再去攻城掠地。沒想到找不著夏軍主力，所有的城門都大開著，歡迎歡迎熱烈歡迎，全都如此，以至於我軍沒攻過城，一路兵不血刃接收地盤。到這兒才發現，要攻城了，連雲梯都沒有。

怎麼攻啊？高國舅下令現砍現做，把靈州周圍的樹砍了，製成雲梯攻城。士兵四處偵察了一番，啟稟國舅，周圍的樹可能都沒有我們胳膊粗，您去看看吧，此地臨近沙漠，水源奇缺，種樹也長不高，砍完也沒用。這些樹甭說士兵往上爬了，五歲孩子一踩就折了，您看怎麼辦？高國舅也無可奈何。既然沒有攻城器械，那就勸降吧。城裏沒幾個人，也許喊兩嗓子就投降了。於是高國舅派人到城底下喊，王師所至，爾等竟敢抵抗，還不投降嗎？你看我們十幾萬大軍，你城裏就這麼點兒人，還想頑抗嗎？城裏的人有意思，上來一個老和尚，慈眉善目，一派仙風道骨。和尚先是一嗓子阿彌陀佛，然後說我是夏國人，沒叛變宋朝，我也沒跟你們交戰，你們來打我，老僧我並沒去進攻你吧？我一沒叛變，二沒跟你交戰，我為啥要投降呢？阿彌陀佛。宋軍聽完，哭笑不得。

劉昌祚和高遵裕束手無策。高國舅一看，既然砍樹不成，那就讓士兵們都出去背土，十多萬大軍，甭管原來是步兵、騎兵，現在全改行幹工兵，背土壘牆，等壘到跟靈州城牆一邊高的時候，咱們就可以發動進攻了。於是宋軍士兵紛紛下馬，刀槍甲冑全都放下，都去背土壘牆。問題是壘牆也沒有工具啊，壘牆得把土夯實了，沒有樁子怎麼夯土？就這麼折騰了十八天，大軍困於靈州城下。梁太后在御前軍事會議問計的時候，老將就建議囤積大兵在靈州、夏州準備反擊，梁太后依照此計調撥兵馬，此時夏軍主力已經在靈州、夏州雲集。一看宋軍壘牆，梁太后下令掘開黃河七星渠，以水代兵。大水咆哮著沖向宋軍，宋軍沒做好思想準備，土牆讓河水一沖，立刻就垮了。兩路大軍十多萬人馬，最後僅剩一萬三千多人。有些宋軍士兵為了躲水，竟然投奔到靈州城內。請開開城門，我要投降，我就是剛才勸你們投降的那個人，現在我降了，我用實際行動證明我錯了。

高遵裕打馬就跑，我是皇上的舅舅，我不能死啊！他告訴劉昌祚，你可是被免職的，戴罪立功，你殿後吧。劉昌祚邊戰邊退，傷亡慘重，一直退到了陝西渭州，才站穩了腳，這兩路大軍算是完全失敗了。李憲那路也早已經敗了。种諤的大軍行至夏州，軍糧供應不上，三軍無食，號泣不行。當兵的餓得躺在地上哭，豎起招兵旗，自有吃糧人。你豎旗，我吃糧，天經地義，現在你不給我糧吃，我憑什麼給你玩兒命啊？再加上遇上暴風雪，九萬多人還剩三萬，根本無力再戰，只好也狼狽撤回。王中正王大公公一看，四路都垮了，就剩我一路了得，二話甭說，咱們收兵吧，也就撤了。

邊界築城

宋軍兵分五路，大舉進軍，討伐西夏，結果大敗虧輸，敗下陣來。宋軍將失敗的原因歸結於糧食供應不足，這樣的解釋顯然是在推卸責任，這讓宋神宗大為惱火，命令朝臣一定要總結出失敗的原因。那麼，這一次五路伐夏，宋軍到底輸在了哪兒呢？

當時朝野上下達成了共識，這次大軍失利，首要的原因是戰略部署失當。兵分五路，互不統屬，被夏軍各個擊破，整體兵力數量上的優勢轉化成劣勢，而西夏正好相反，整體的劣勢轉化成局部的優勢，所以宋軍大敗。

再有一點，雖然兵分五路，如果皆是能戰之將統率，也不至於這麼慘。但是，擇將非人，兩個公公，一個外戚，一個吹牛皮的，就一個能打的吧，還多方掣肘，以至於遭此敗局。

當初，神宗皇帝打算起用王大公公、李大公公做統帥的時候，就有大臣反對：「伐國大事，而使宦者為之，士大夫孰肯為用？……今舉重兵五路並進，而無大帥，就使成功，兵必為亂。」（《續資治通鑒長編》卷三百一十三）跟敵國作戰這種大事，您讓宦官領兵，哪個有頭有臉、讀書認字的，肯在宦官手下聽差啊？這事實在是幹得不地道。現在大軍五路並舉，沒有一個有威望的大帥，就算這仗咱打贏了，士兵也要作亂。比如他們要鬧餉怎麼辦？沒有一個能彈壓得住的，你指望著兩個大公公，外加一個大舅舅，他們壓得住臺嗎？皇帝不聽，就用兩公公一舅舅，結果這一場西征，表面上風光無限，五路伐夏，除了國舅爺跟劉將軍那一路正正經經打了點兒仗，剩下那三路，基本上全都是被拖垮的。幾十萬大軍逃回來一個零頭，形同一場鬧劇。

五路伐夏失敗之後，神宗皇帝認識到了一點：「朕涉道日淺，昧於知人，不能圖任將帥，以天錫可乘之時，上為祖宗殄滅一方世仇，深用厚顏。」（《續資治通鑑長編》卷三百二十三）朕出道太淺，沒有什麼政治經驗，也不識人，特別是不知道哪位將帥能打仗。一看西夏弱到這份兒上，以為是天賜良機，想為祖宗滅一個世仇，所以朕深為厚顏，實在不好意思。皇上承認錯誤歸承認錯誤，打了這麼大的敗仗，按常理講，最好休養生息，別再幹這種事了。把逃散的士兵招募招募，陣亡的遺屬安慰安慰，撫恤金發到位，提振一下士氣，殘破的堡寨要修葺，損失掉的糧草要補充，君子報仇十年不晚，以待他日。可皇上不這麼想，我都承認我有錯了，自古以來有這麼聖明的君主嗎？我一定要把這個顏面扳回來，絕不能說這一仗敗了就敗了，我得打贏一場，讓臣民看一看，不是我不能打，只不過是我用人不當。

於是神宗皇帝向前線將領問計，你們覺得怎麼樣才能打勝仗？可是他問計的這些將領，基本上都是這次西征失敗回來的這幫人。這幫人要討皇上歡心，揀皇上愛聽的說，最關鍵的是把自己擇乾淨了，我得告訴皇上，不是我們不會打仗。李大公公首先跟皇上講，不是我李憲不會打仗，是因為我們沒有根據地，深入了西夏國境就吃虧了。於是，他建議朝廷再發大軍。這一次發兵，咱吸取教訓，就一路去，攥緊拳頭，集中主力於一路，從鎮戎軍出兵，直搗鳴沙城（今寧夏中寧縣），作為進討的根據地。這樣一來，靈州就可以攻佔，賊可滅也，一定能夠把敵人一舉蕩平。皇上聽了李大公公的話，覺得很有道理。

种諤一看李大公公給皇上上疏，皇上認為有道理了，心想，哎喲，我不能不如公公。他就跟朝廷講，我不同意李憲的看法，我主張經營橫山地區。當時延州知州沈括，就是《夢溪筆談》的作者，也上疏朝廷，建議築城，隔斷橫山，斷絕夏人越過沙漠的入寇之路。

种諤、沈括二人的奏報有異曲同工之妙，皇上就沒有接受李大公公的主張，而是聽了种諤和沈括二人的建議，決定在邊界地區築城，隔斷橫山，阻絕西夏入寇之路，再戰西夏，一決高下。宋軍一築城，梁太后又率大軍來奪城，雙方展開了一場更加慘烈的大戰。

十二

大小梁后

在西夏王朝的歷史上，出現了「一門兩后」的現象。
「兩后」指的是老梁太后和小梁太后，
她們姑侄倆，一前一後，都曾主動發起過對宋戰爭。
這是兩個什麼樣的女人？
身為女人，她們為什麼要挑起戰爭呢？

宋神宗接受了沈括和种諤的建議，準備在銀州、夏州、宥州三州交界的永樂地區築城，因此就派了一位朝臣，給事中徐禧來到前線。徐給事中是文官，他來到前線之後認為此地是天險，可以築城。种諤極力反對，說此地雖然山勢險要，但有個致命的缺陷——缺少水源，如果在此地築城，大軍會活活渴死，因此萬萬不可以在此築城。徐禧不聽，你官大還是我官大？我是朝廷派來的，負有皇命，我說在這兒築，就在這兒築。徐禧這個人，紙上談兵，不通兵事，他堅持在此地築城，發動二十幾萬民夫到了永樂，一天三班倒，人可以換著休息，工程一刻也不能停，苦幹了十四個晝夜終於修了六座堡寨。大寨周長九百步，小寨五百步，可以屯駐軍馬，差不多平均兩天半一個寨子。皇帝非常高興，賜名為銀川寨，欽令徐禧率領部隊駐紮此地。

永樂地方，乃扼西夏三州咽喉之地，西夏當然不可能坐視宋軍在此地築城。梁太后聽到消息之後，派部下大將率領二十萬人馬，團團圍住永樂城。永樂城築好之後，徐禧留下大將曲珍率軍萬人防守，自己回到了五十里以外的米脂修整。邊報一天十幾次傳來，西夏大軍要奪永樂，他都不信，認為是武將們好大喜功，謊報誇大，想引起重視，他們貪生怕死，想請朝廷增兵。後來一看西夏大軍真要來了，徐禧才半信半疑地領兵增援。臨行之前，一位大將跟他講，永樂城小，又沒有水源，不宜駐守。他一聽就急了，訓斥這位將領，大戰在即，你這是動搖軍心，誰說這個地方不能堅守？身為武將，貪生怕死，來啊，拖出去斬了。周圍的將領趕緊跪下求情，徐禧才恨恨作罷，說把他先送到延州監押起來，等我打了勝仗回來，再報告朝廷宰了他。於是就把這員大將送到監獄裏關起來了。

徐禧帶領大軍來到永樂城，登上城頭一望，天哪，夏軍真來了。俗話講，「兵到一萬無邊無沿，兵到十萬徹地連天」，二十萬大軍刀槍耀眼，鐵甲猙獰，在城底下鋪滿了。一員武將跟徐禧講，趁著夏兵沒有列陣，我軍趕緊發動進攻，打他個措手不及，如果夏軍列好陣，可就不好打了。徐禧冷冷地瞪了這員武將一眼，長他人志氣，滅自己威風，你知道什麼？王師不鼓不成列，絕對不能在人家沒列好陣的時候去打人家，那像話嗎？我們天朝大軍，得兩陣對圓，堂堂正正地跟他打。敵人多怕什麼？敵人來得越多，咱砍的腦袋就越多，咱立的功就越大。

徐禧親自指揮，羽扇綸巾，學著諸葛孔明的樣子，登上了城樓。說話間，夏軍的鐵鷂子兵開始過河了。曲珍建議徐禧擊敵於半渡，趁他過河過到一半的時候趕緊發兵攻擊。徐禧說這哪兒成啊，天朝大兵講的就是仁義，哪能說人家沒過完河咱就打，一定得人家上岸之後咱再打。這徐給事中簡直就是宋襄公的轉世靈童！西夏軍鐵鷂子兵過了河之後，步兵跟著也過來了，兵馬非常多，一衝上岸來，宋軍就抵擋不住了。但別看徐禧是文官，還真不白給。

史籍記載，徐禧「執刀自率士卒拒戰」（《宋史‧徐禧傳》），自己揮著刀領著士卒衝上去了。但是夏兵越來越多，將士皆有懼色。曲珍就勸徐禧，大軍暫退，以避敵鋒，咱幹嘛現在跟人玩命啊，這一票人要是都死在這兒，城守不住，也對不起皇上啊！徐禧不聽，雙方部隊打在一起。宋軍的前鋒士兵很英勇，可惜猛虎架不住群狼啊，遇到如此眾多的夏軍，很快就敗退下來。這一敗就慘了，撤退變成了潰退。一個回合沒打完，就往後撤，士卒爭先恐後地往城裏跑。後面的人不知道前面發生了什麼，也跟著跑，自相踐踏，死傷無數，光戰馬就被西夏繳獲了八千多匹。

如此一來，「夏人乘之，師大潰，死及棄甲南奔者幾半」（《宋史‧徐禧傳》卷三百三十四）。戰死的和逃散的宋軍，幾乎佔了一半，徐給事中這才慌了，狼狽撤入永樂城中。夏軍把城圍了個水洩不通，軍情萬分緊急。事到如今，給事中徐大學士才有了自知之明，知道了自己能喝幾碗稀粥，知道了自己不知兵，不會打仗，趕緊表奏朝廷，請速發救兵。

朝廷接到戰報，立刻給當時的前線總指揮李大公公下令，速派兵解永樂之圍，又命令延州知州沈括去跟夏人接洽談判，只要夏人答應撤軍，永樂城咱給他了，咱算幫忙給他築的。但問題是此時西夏軍隊，四處搶掠，沈知州自顧不暇，哪有工夫去找西夏人談判，再說也不知道找誰、跟誰談啊？所以永樂城中的守軍，盼兵兵不到，盼糧糧不至，只能在那兒死守。

永樂城之戰

永樂城外，人聲鼎沸，戰馬嘶鳴，西夏軍輪流攻城，宋軍不得喘息，只能死守。幾天幾夜過去了，援軍未到，糧草殆盡，更慘的是連喝的水都沒有了。困在城中的宋軍該怎麼辦呢？

徐禧一籌莫展，下令在城裏打井。打下去十丈，按現在來講幾十米深了，才能見到一點兒水。水一打上來，徐禧下令，按職位高低喝水。到這個時候，當兵的還管你那一套？現在城裏都已經到了喝人血、絞馬糞喝馬糞汁的程度了，好不容易打出水來了，你想按官職大小喝？開玩笑嘛！為了一壺水，士兵們自相殘殺，地上能倒下幾十口子。永樂城現在隨時都有可能被夏軍攻破。曲珍就勸徐禧，趁著現在士卒還能動，咱得突圍了，跑不動咱還能走，再這麼下去，一票人全得死在這兒了。徐禧不聽，我身負皇命，鎮守此地，棄城而逃，對不起天子，我決心以死報國，誓與城池共存亡。

夏軍向城裏的宋兵喊話，你們投降吧，城裏連一滴水都沒有，再守下去你們全得渴死。徐禧站在城樓上，端起自己的水壺給夏兵看，「嘩」一下還倒了半壺，瞎了你們的狗眼，看見沒有，這不是水嗎？等援軍一到，我要你們的狗命。城下的夏軍哄堂大笑，您就剩那一壺水了，別灑了，您喝了它多好啊，灑給我們看什麼勁兒，就這麼點兒水，你還好意思灑？要是城上一萬多士卒都在那兒倒水，我就相信城裏還有水，就你一個人舉著水壺，哎喲，你還真能打腫臉充胖子，我倒要看看你能充多久！夏軍圍而不攻，宋軍統帥都跟那兒倒水玩了，士卒肯定是沒有水喝了，宋軍已是甕中之鱉。咱們等著蘋果熟透了自己往下掉吧，還費勁摘什麼啊？夏軍圍了幾天之後，曲珍勸徐禧，跟西夏談判試試吧。

西夏將領一看圍了這麼多天，城裏的宋軍還沒死，那就談一談吧。徐禧就命一員偏將出城，去跟西夏的統帥談判。兩人一見面，西夏將領一看宋將的戎裝服色，就知道他是哪個級別的幹部了，立馬喝令宋將跪下。你一個偏裨小將，有什麼資格跟我談判，給我滾回去，叫曲珍來。宋軍的小偏將只好滾回去了，說人家不跟我談，非要讓曲珍曲大帥去。徐禧說，曲大帥不能去啊，我打仗全仗曲大帥呢。徐禧現在知道，得靠曲大帥了，他要是去了的話，誰來守城啊？徐禧只好另派了兩個級別高一點兒的軍官去。上回派個尉官確實是不合適，將軍又萬萬不能去，那就去兩大校吧，讓他們倆去見夏軍統帥。

兩人出發之前，徐禧拉著他們的手，十分動情，你們這一去，萬一要有個什麼閃失的話，咱們可能就再也見不到了。這兩個人慷慨激昂地表示，大丈夫當以死報效國家，我二人願憑三寸不爛之舌，拯救城中數萬生靈。兩人慷慨激昂地去了。徐禧也不琢磨琢磨，從古以來，戰場上得不到的東西，有在談判桌上得到的嗎？刀槍都奪不回來，舌頭還能奪回來？那就甭養兵了，養一幫舌頭嘚啵不就得了。倆人見了夏國統帥，說我們奉命來談判，您有什麼條件？夏軍統帥說，條件很簡單，上一次你們侵佔的我國領土，全部歸還我們，我們就撤軍。這倆人一聽，此等朝廷大事，我二人不便作主。夏軍統帥火了，你作不了主你來談什麼？跟我逗呢？滾回去！等會兒，還不能都滾回去，回去一個，另一個扣下羞辱羞辱。怎麼羞辱呢？把他的頭髮剃成党項人的樣式，你們中原人不是身體髮膚受之父母嗎？我給你剃了，表示你歸順我們党項了。萬一以後宋軍殺良冒功，砍你腦袋的時候省得再給你再剃了。逃回去的將領告訴徐禧、曲珍，沒戲了，夏國人不肯談判，宋軍的士氣一下低落到了極點。

一天夜裏，雷鳴電閃，暴雨傾盆。夏軍得到消息，國內的援兵到了，夏軍更是士氣大振，一聲吶喊，奮勇登城，城池就被攻破了。曾經勸徐禧趁著敵人沒列好陣就進攻的那位將軍，準備衝出去與夏軍決戰。老將軍出馬的時候，孫子抱著他的馬腿（他孫子也在軍中）說，趁著亂爺爺您趕緊走。老將軍仰天長歎，白鬍子亂抖，我年已七十，跟夏國人打仗從來沒失敗過，今天落到這步田地，身受皇恩，以死報國，豈能逃竄？言罷，老將軍縱馬衝出去，再也沒回來，死於亂軍之中。其他的宋朝將領，也紛紛出馬迎戰，有被俘的，有被殺的，曲珍等人換上小兵的衣服，脫掉軍鞋，狼狽逃走。至於徐禧就不知所蹤了，有人說是死了，有人說是被俘了，還在夏國當了顧問。宋朝這一次又是犯了擇將非人的錯誤，這一仗損失將校多達二百三十餘人、精兵萬餘，連築城的民夫也都沒能逃脫，除了被賣做奴隸的，都做了刀下之鬼。

敗報傳到朝廷，神宗皇帝「涕泣悲憤，為之不食。早朝，對輔臣慟哭，莫敢仰視」（《續資治通鑑》卷七十七）。皇上聽到永樂的敗報傳來，號啕大哭，食不下嚥。第二天早朝召見宰執大臣的時候，皇上還是痛哭流涕，哭得大臣們低著頭，都不敢看皇上，皇上太傷心了，都失態了。本來想在永樂城扳回一局，結果丟人現眼到家了，這次失敗得更慘，花費的軍費是個天文數字，死亡的士卒帶民夫，據說多達六十萬，整個一個賠本沒賺上吆喝，賠到家的買賣。

永樂之敗後，史籍記載：「帝始知邊臣不足任，深悔用兵，無意西伐矣。」（《續資治通鑑》卷七十七）皇上知道了，邊帥們好大喜功，滿嘴跑駱駝，不足信任，仗不能再打了，神宗一朝，再也無意西伐了。

小梁太后

永樂城一戰，雖然西夏打贏了北宋，但也屬於慘勝。戰爭使得西夏國力大減，民不聊生，因此西夏朝廷中的反梁勢力就將矛頭直指主戰的梁太后。那麼，此時的梁太后會怎麼辦呢？

梁太后雖然兩場大仗都打贏了，但是西夏屬於慘勝。朝廷內部，反梁氏集團的勢力越來越強大，都是你們梁氏兄妹專權，把國家給折騰成這樣。在這種情況下，梁太后不得不把政權再次還給了自己的兒子——惠宗李秉常。政權是還給你了，但是皇后是我侄女，你舅舅國相梁乙埋雖然已死，但必須讓梁乙埋的兒子繼任國相，國相以後由梁家世襲。只要西夏國不亡，以後永遠都是我們家的人出任國相、當皇后，這樣我還政才能放心。

第二年，梁太后死了。她的侄女是皇后，侄子是國相，政權仍然在梁氏兄妹的手中。秉常很鬱悶，很快就追隨他媽去了，死的時候二十六歲。西夏第二代皇帝活了二十一歲，第三代皇帝活了二十六歲，都是在母后、外戚的高壓下，英年早逝的。秉常一死，兒子即位，年僅三歲，這就是西夏第四代皇帝——崇宗李乾順。小皇帝的舅舅是國相，媽是太后，西夏政權仍然掌控在梁氏一族手裏。此太后非彼太后，此太后就是小梁太后，區別於攻打永樂城的老梁太后，姑侄倆都是太后。梁家一門兩后兩國相，歷朝少見。

小梁太后處心積慮地想繼承姑媽老梁太后的衣缽，一心想在戰爭中做一個女強人，為西夏開疆拓土，用戰爭來為梁氏的基業奠定基礎。但是，打仗是要付出代價的，自古以來，凡是想用外戰來平定內患、轉移國內矛盾的，最後一定是內外皆輸。如果在國內不穩定的情況下發動對外戰爭，結果肯定是國外應付不了，國內照樣散沙一盤，古今同然，中外一例，概莫能外。遼太后蕭綽興兵伐宋，完全出於一片公心，真是為了國家長治久安考慮，算得上是個女強人。相比蕭綽，小梁太后更像是一個女流氓，大耍無賴。她屢屢興兵，完全是為了梁氏一家一姓利之所在。梁氏一門合適就行，至於江山社稷、黎民百姓則全然不在她的眼中。所以兩位太后在兩國歷史上所起的作用，也完全不同。

幾場仗打下來，小梁太后雖然取得一定的成就，但是遭到更多人的反對，她弟弟都跟她掰了。她弟弟是國相，總想獨攬朝政，小梁太后當然不能允許了，先下手為強，把弟弟殺掉，並且誅其全家。這樣一來，梁氏一門就更加孤立了。梁氏越孤立，越需要發動對外戰爭，來提高自己的聲望。所以，小梁太后攜自己的兒子崇宗李乾順，率三十多萬大軍前來征討宋朝，進攻宋朝的平夏城。我們從宋朝給此城起這麼個名字，就知道這又是一個兵家要地，位於石門峽口外。

初戰平夏城

小梁太后希望通過對宋戰爭來振興梁氏一門，御駕親征，發起了對平夏城的進攻。那麼，這位小梁太后是不是像老梁太后一樣治軍有道呢？她會怎樣來攻打平夏城呢？

夏國三十萬大軍，突破宋軍的邊防，攻到平夏城下。梁太后下令，每個士兵身上背一把鐽子，也是全軍改工兵，把平夏城給我挖倒。平夏城所處的地方是不可能有磚城的，全都是夯土為城，當地氣候乾燥，降水稀少，所以夯土築城沒問題。那裏不像北京，土城牆外面必須用一層磚給包起來，那裏用不著。所以小梁太后讓士兵拿鐽子挖城牆。沒帶鐽子的怎麼辦？身上背一捆草，填護城壕。夏軍士兵填壕的填壕，挖城的挖城，忙得不亦樂乎。

夏軍士兵折騰了一天，筋疲力竭，一看鐽下來的那點兒土，也就是給城牆去了層皮。你想城牆夯築而成，上面能跑馬，您拿鐽子鐽，得鐽到什麼時候？夏軍一看希望渺茫，信心全無，累得躺在地上就不能動了。我填了一天壕，鐽了一天牆，如果把牆給鐽倒了，我們一鼓作氣衝進去，立功受賞，我還有勁兒。現在鐽了一天，連城牆都嘲笑我們。你看，沒弄動我吧？夏國士兵氣力喪盡，躺在地上就不想動了。宋軍在城上看了一天熱鬧了，夏國兵鐽子使得不錯，不知道刀槍使得怎麼樣，開開城門咱試試？城門一打開，宋軍衝殺出來，夏軍三千多人被殺，數萬人被俘，只能退回到天都山老營修整。

小梁太后就給遼國皇帝上表，宋朝諸路齊發，大行殺掠，她不提她打宋朝在先，只說宋朝打我，今又深入夏界修造城堡，奪我疆土，請大遼國主速發義師，助我打退宋軍。遼國一聽，行啊，我派兵駐守宋遼邊境，又是這道菜。遼國尋思，我才不為了你跟宋朝玩命呢，你們倆魚死網破多好，所以遼國每次給夏的支持，都是口惠而實不至。只是告訴你我可能會往邊境增調一點兒人馬，有沒有增調你也不知道。沒準兒人家是換防，一支軍隊回草原，另一支軍隊來邊境。但是西夏不明所以，一看遼國答應出兵，小梁太后就認為遼國定會助我，又率大軍進攻宋軍。

這次比上次敗得還慘。慘到什麼份兒上呢？西北地方嚴重缺水，小梁太后攻打的城寨外面有個牛圈，牛圈裏攢了一潭雨水，夏國士兵奔著這潭水就衝過來了。攻城先擱一邊，喝水第一位，不然人都虛脫了。夏軍喝完水之後徹底虛了，原來宋將在裏面撒毒藥了。小梁太后你長腦子沒長啊？還女強人呢，誰比你傻啊？要是真有一潭水，宋軍早喝乾了，能給你留著？給你留著那肯定是下了套嘛，裏邊肯定有鬼，沒想到西夏士兵毫不猶豫地往下跳。這一下，夏軍又是慘敗，都沒怎麼跟宋軍打，光喝水就被毒死那麼多人，夏軍再也不敢過河去進攻宋軍了。宋軍乘勢深入到了西夏境內，在天都山地區大肆抄掠。天都山是西夏老營所在，西夏人十分悲憤。我們富饒的耕地，我們唱歌跳舞盡情歡樂的地方被敵人奪去了，我們不能對此無動於衷，我們要同仇敵愾，要跟宋軍決一死戰。小梁太后見人心被煽呼起來了，喝毒水那件事就忘了，出兵二戰平夏城。

二戰平夏城

小梁太后總結失敗教訓，做好充分準備，決定二戰平夏城。那麼，這一次小梁太后能否攻下平夏城？她為了這一仗，又準備了什麼祕密武器呢？

夏軍造了一種高大的樓車，名叫「對壘」。樓車底下有人推著，跟城牆一般高，車內能藏兵數百，頂上和底層都有木板，到壕溝邊上一鋪，夏軍士兵順著木板就衝過來了，到城牆邊上木板一搭上城牆，跟城牆一般高，士兵就順著木板登牆。夏軍與宋軍激戰一處，宋軍覺得十分吃力，「對壘」確實很難對付，它不像雲梯往城上一搭，弄盆熱油「嘩」一澆，一梯子人就全成油條了；或者拿鉤鐮槍頂住雲梯一捅，一梯子人就全摔成柿餅了。這麼巨大的樓車，用箭射它，車上蒙著牛皮，撐有盾牌，不怕箭矢；用火去燒，車裏幾百人很容易把火撲滅。宋軍只能等到夏軍衝上城牆之後，雙方展開激烈肉搏，打得艱苦異常。一方猛攻，一方死守，激戰了幾十天。小梁太后在高地上設立自己的指揮部，張立旌旗，連同皇帝崇宗乾順，親臨前線指揮戰鬥。夏軍一撥一撥往上攻，再一撥一撥地退下來，就像潮水拍打在礁石上似的，不斷踩著自己戰友的屍體前進，傷亡無數。

平夏城雖然堅固，畢竟經不住夏軍十多天的猛烈攻打，眼瞅著城池就要被攻佔了，大功將要告成了，小梁太后正在得意的時候，狂風怒號，沙塵暴來了。大風一起，城牆沒事，對壘全倒了，底層的士兵腿快的就跑了，上面的士兵就全拍在地上摔死了。你想車跟城一般高，要是站在最高一層，車一倒還有命嗎？小梁太后放聲痛哭，天不助梁氏，我要與天鬥！她發瘋了，豁出去了，最後拼一把，全都給我往上衝。宋軍一看，老天都助我們嘛，越戰越勇，一時亂箭齊發。據說箭矢劃破了梁后的面頰，如果要再射準點兒她就完了。宋軍齊聲高喊，活捉梁氏，打開城門就往外衝。梁氏拋棄了衣服、首飾、坐騎，穿上廝魁——普通女兵的衣服，狼狽逃走。

第二次平夏城之戰，西夏又以慘敗而告終。第一次挖土沒挖開，第二次弄對壘，眼瞅要贏了，對壘倒了。兩次慘敗的原因，既有天災又有人禍，天災是對壘被風颳倒了，人禍是對梁氏不滿的西夏御史中丞，相當於監察部門首長，歸降了宋朝，官拜團練使，引導宋軍攻入夏境。你這邊打人家平夏城，人家那邊大軍攻入你的國境，地盤連連失守，小梁太后走投無路，只好往國內撤。

撤軍的時候，小梁太后命自己手下兩員大將鎮守天都山，一再叮囑，天都山千萬不能丟，此地一丟，咱們的南大門就完全被宋朝打開了，南部防線就會徹底崩潰。哥兒倆說請太后放心，我們倆都是百戰名將，如果宋軍敢來的話，天都山就是他們的墳場。太后一聽，既然你們倆這麼有把握，那哀家就回朝了，天都山防線就拜託給二位將軍了。小梁太后回朝，兩位將軍壓根兒就不相信宋軍能深入國界打到這兒來，開玩笑，即便他打來了也定會慘敗。所以這二位簡單布防了一下，帳篷搭好，酒宴擺上，進城弄來幾個舞女，天天歌舞宴飲，通宵達旦，麻痹大意。沒想到宋朝的一員大將率領部隊走小路，出其不意，分道並進，神不知，鬼不覺，直撲天都山大營。宋軍神兵天降，西夏這兩員大將還喝高了，正在帳中高臥，宋軍輕而易舉，如探囊取物一般，就把兩員大將俘虜了。天都山，當年元昊的離宮，他在這兒迎娶的沒移氏，鼻子也是在這兒掉的，每一次出兵伐宋，這裏都是總司令部、根據地，現在竟然被宋軍佔領了。

天都山易手，整個西夏的南部防線頓開，形勢變成了宋強夏弱。自此宋朝如果進軍西夏，騎兵隨時可以抵達西夏國都興慶。小梁太后痛定思痛，怎麼想怎麼都是別人不對。我明明能贏的，這仗我沒有道理輸啊？為什麼會失敗？原因所在就是我的宗主國遼國，見死不救，契丹人太壞了。我姑媽那會兒他就答應出兵幫我們，但是口惠實不至，現在跟我又玩這一套，我跟我姑媽一樣單純，我們倆都上了他的當！因此她對遼主頗多怨言，非常不恭敬。

西夏宮廷之中當然也有遼國的耳目，遼國有使節，西夏有親遼的大臣，這些話就被奏報給了遼主，而且奏報的時候還添油加醋，演繹發揮，說梁后日後要報復遼國，云云。遼國皇帝本來對小梁太后就十分反感，你權力欲太強，皇帝已經成年了，你還不把政權還給皇帝。現在又一聽，怎麼著？你還敢埋怨朕？還要報復我？行，有你好瞧的！遼國就派遣使臣來到西夏，聯絡反太后的大臣，決定要把太后除掉。遼國使臣是上國來使嘛，西夏君臣隆重宴請。酒宴進行當中，小梁太后端起酒杯敬酒，一杯酒下肚，七竅出血，倒在杯盤狼藉之中。據說是遼使勾結西夏大臣，在酒中下毒，當場就把小梁太后給毒死了。

小梁太后一死，梁氏集團的輝煌就一去不復返了。崇宗李乾順開始親政。崇宗親政的時候，西夏迎來了最輝煌的時代。那麼西夏為什麼能迎來這麼好的一個時代呢？

十三

左右逢源

小梁太后被遼國使節設計毒死之後，
兒子崇宗李乾順得以親政，他對內實行改革，
對外採取左右逢源的外交政策。
那麼，夏崇宗李乾順為什麼要左右逢源？
西夏國又是如何在夾縫中求生存的呢？

遼主派遣使臣聯合西夏反對梁氏專權的貴族，在國宴上毒死了專權的小梁太后。小梁太后一死，崇宗親政，他採取了依附於遼，並且與宋修好的策略，發展生產，休養生息，偃武崇文，恢復因連年戰爭而遭受嚴重損失的國力。崇宗下旨追究小梁太后出兵打敗仗的責任，清掃手中有兵權，又依附於梁氏的將領，該下獄的下獄，該處死的處死，兵權收歸皇家手中，皇族勢力戰勝了后族勢力，皇權得到鞏固。

崇宗取法中原王朝，分封王爵，封自己的異母弟弟察哥為晉王。察哥天生神力，一員名將，尤其善射。據說察哥百步開外射出的箭，能夠穿透三層鎧甲。西夏的鎧甲可不是一般的鎧甲，一般的鎧甲表面是平的，西夏的鎧甲上表面都是突起物，像青銅器上的乳釘紋。鐵甲在身，箭矢根本就無法穿透。當年韓琦為了檢驗夏國的鎧甲是不是真的如此精良，把夏國的鎧甲用衣服架子挑起來，命士兵用強弓勁弩射。從三百步外開始射，一箭射出，彈落在地。三百步不行，二百步試試，還不行？一百步！還是射不穿。最後離著鎧甲五十步，終於有一箭扎在鎧甲上。韓琦很高興，看來夏國的鎧甲並非射不穿。小校趕緊把鎧甲取來，韓大人您看，是射在兩片甲葉連接處的縫隙之中。射手也不是神射手，純粹是矇的，射偏了，正好射縫兒上，只此一箭。這樣的鎧甲，察哥一箭能射透三重，你想他射人得射穿多少個啊！

察哥雖然是皇上的異母弟，但全憑軍功起家。有一次，察哥跟隨大將與宋軍激戰。激戰中，夏軍失利，前有大河阻擋，後有宋軍緊追不捨，瀕臨絕境。察哥回身一箭，把宋軍的副統帥射落馬下，嚇得宋軍就不敢追了。察哥一箭退敵，勇冠三軍。

因為察哥很會打仗，所以被封為都統軍，鎮守首都興慶府。皇上一看我弟弟這麼能打，手裏又有兵權，就封他為晉王。察哥跟皇上說，我軍打仗為什麼失利？夏國軍隊的數量雖然比宋朝少，但我們全民皆兵，我們能夠集中優勢兵力。論兵器的精良程度，咱的鎧甲，宋軍射不穿；夏國的鐵劍，宋朝人得到一把都引為至寶，連宋朝皇帝佩帶的都是西夏寶劍，夏國寶劍是削鐵如泥的利器；我們的弓也是天下聞名，宋徽宗在位時，有一個人想走大宦官童貫的門路，要給童貫送禮，但什麼東西才能讓童大公公看在眼裏啊？於是，此人在邊界上高價買了十幾張夏國弓送給童貫，童貫非常高興，足見我們弓之精良。察哥又說在平地打仗我們有騎兵，山地打仗我們有步兵，但是為什麼我們打不過宋朝呢？就是因為我們太墨守成規，從景宗皇帝開國，幾十年下來，打仗的方法一成不變。咱們一列陣，宋軍就知道咱下一步要幹嘛，就知道怎麼抵擋，所以一成不變不行，咱們必須學習宋朝的長處，彌補咱們的不足。宋有什麼長處？修建堡寨啊，邊境所有險要之處都建有堡寨，易守難攻。咱們花費很大的氣力，去攻城掠地，殺人一萬，自損三千，宋軍死一萬不算啥，咱死幾個三千咱就沒人了，所以咱也要修堡寨，採取守勢。讓咱們的士兵半耕半戰，不打仗的時候種地，平時練練兵，王安石變法的時候宋朝不就這麼幹嗎？所以咱們學人家的長處才能打勝仗。

崇宗聽完弟弟的一番話，哎呀，你真是一個軍事家啊，太有見解了，兵權就交給你了。同時，還有兩位宗室仁忠、仁禮被封為濮王、舒王，這兩位精通蕃漢之學，學問非常大。這樣，濮王、舒王憑文，晉王察哥憑武，文武兼備，皇族勢力大大加強了。

以前小梁太后的弟弟做國相時，很瞧不起皇族，公開質問：「你們嵬名家的人能立此戰功嗎？」嵬名家的人之所以什麼也幹不了，是因為自打景宗皇帝歸天，嵬名家沒有人才出現。現在有了，三位王爺在朝，輔佐國家長治久安。到了崇宗時代，西夏的風氣由尚武逐漸轉化為崇文。

崇宗皇帝一心求治，不願意再打仗了，為此最好的辦法莫過於在思想文化上向中原王朝靠近。具體怎麼辦？建立國學。西夏本有國學，實際上就是漢學。元昊當了皇帝之後，廢了國學，用蕃學來代替國學。史籍記載，他是「以胡禮蕃書抗衡中國」（《西夏書事》卷十三）。不管學校的教材、考試的試卷還是政府的公文，一律用西夏文字。同時把大量的漢文典籍，像《爾雅》、四書五經等都翻譯成西夏文，把佛經也大量翻譯成西夏文，所以西夏文的使用面很廣，今天考古發現了很多，不像契丹文基本上只在出土的墓誌銘上有。元昊這樣做的目的是強調党項的特殊性，突出自己的文化不同於中原，但是缺乏恢弘的氣度。把漢文典籍翻譯成西夏文，不一定準確，不如直接看原文。崇宗皇帝在位的時候，恢復了國學，下令蕃漢兩學並舉，既保留党項的民族特色，又在文化上向中原王朝靠近。平時國家給儒生三百個名額，在國學學習，教授課程。崇宗的所作所為順應了歷史發展的潮流，利用與宋朝修好的機會，休養生息，孜孜求治，使西夏過了多年的太平日子。

乘勝求和

夏崇宗李乾順自親政以來，改變了西夏以往的治國方略，提倡發展生產，休養生息，偃武崇文，蕃漢兩學並舉，再加上又有三位能文能武的王爺輔佐，西夏國因連年戰爭而遭受嚴重損失的國力逐漸恢復了。可是，西夏的太平日子沒過幾天就出事了……

雖然崇宗勵精圖治，但在軍事形勢上，還是宋強而夏弱。北宋末年，徽宗在位，驕奢淫逸，好大喜功，在國內大興土木，對外一心想恢復祖先的光榮，甚至欲建祖先所沒能完成的功業——收回幽雲十六州，聯金滅遼，最終是自掘墳墓。

當時金還沒有興起，宋與遼打仗沒藉口，也知道打不過，何況兩國百年和好。為了開疆拓土，最高軍事長官大公公童貫跟奸相蔡京勾結，唆使徽宗皇帝對西夏開戰。這正中徽宗皇帝下懷，於是下令伐夏。宋朝派經略使劉法率兵兩萬從統安城出兵。統安城在地理位置上是個突出部，深入夏境，三面環敵。劉法不願意，覺得跟西夏打仗沒把握。童貫特別生氣，我作為一個公公都敢打仗，你身為大將竟然不敢？你當初跟皇上誇下海口，現在如此膽怯，成何體統？劉法內心痛苦不堪，你個公公，連鬍子都不長幾根，真上前線你去嗎？我可得拎著腦袋上去拼命。但是沒辦法，公公代表皇上，劉法只得率領兩萬人馬到了統安城，跟夏軍開戰。

夏國領兵的大將正是晉王察哥。察哥一看劉法的軍隊到了，就把部佇列成三層，步兵往前攻，騎兵繞到劉法的背後。激戰了七天，宋軍不支，眼瞅著要失敗。劉法見統安城守不住了，下令退軍。宋軍一貫如此，順利的時候，絕對是一個勝仗連著一個勝仗，不順利的時候，就是一個敗仗接著一個敗仗，死中求活、反敗為勝，這種事從沒發生過。只要一下令撤退，就變成潰退，轉身就跑。跑的時候毫無章法，哪支部隊掩護，哪支部隊先撤，沒那個，先跑先撿條命。到了這個地步，劉法也只好跟著跑。他運太背，跑的時候從馬上掉下來，落在山崖裏，腿摔折了，一個做雜役的夏國小校衝上去一刀砍下了他的首級，獻給了晉王察哥。

察哥看到劉法的首級之後，十分惋惜，劉法將軍幾次在邊境上打敗我，是一員天生神將，我很崇拜他，雖然他是我的敵人。沒想到他今天死得這麼窩囊，被我軍一個小校斬首。

隨即察哥問小校你叫什麼名字？小校說了一遍，王爺沒記住。這麼一個不出名的小校，居然就把劉法將軍殺了，說明什麼？劉法將軍恃勝而驕。他老打敗我，就不拿我當回事了，所以我軍要引以為戒。咱們打了勝仗之後要冷靜，要知道自己吃幾碗乾飯的，驕兵必敗。實際上劉法也不是狂妄，他是被迫出兵，兵敗身死，統安城被夏軍佔領了。

夏軍趁熱打鐵，接下來攻打宋軍的另一個突出部，宋軍出戰迎敵又敗了。眾將建議晉王察哥，咱一鼓作氣，把宋朝的這個突出部佔領了。察哥說留著它，這突出部三面被我包圍，要維持這個城市和城內的駐軍，運水、運糧、擇將、更換武器，可以消耗宋朝大把的人力物力，留著它給宋朝增加一點兒負擔吧，我想佔的時候，隨時可以佔，幹嘛非要現在佔？性價比太低。況且我要佔了此城，宋朝反而沒負擔了。

徽宗皇帝見跟西夏打仗，沒得著什麼好，就跟夏國說，你如果承認你錯了，我就不打你了。夏國趕緊就坡下驢，因為知道自己的國力不如宋朝，雖然在戰場上贏了，要拼下去還真不是宋朝的對手。崇宗皇帝趕緊派人去請和，我錯了，再也不敢招你了，兩國總算又相安無事了。崇宗繼續與遼、宋和平共處，美滋滋地過日子。可沒想到的是，很快就出事了，出大事了。

夏崇宗李乾順知道西夏國力弱小，不如宋、遼，只能採取親遼和宋的策略，在夾縫中求生存。可是夏崇宗李乾順的這個如意算盤打錯了……

金國興起

金國興起了，出兵伐遼。遼請求與西夏聯合抗金，西夏與遼素有秦晉之好，崇宗皇帝派了五千士兵去增援遼國。這也就是一個面子事，五千人去增援遼國，沒全軍覆沒就不錯了。西夏崇宗邀請遼的末代皇帝天祚帝在方便的時候訪問西夏，我可以收留你，您常住都行，天祚帝愉快地接受了崇宗的邀請。但是由於路途遙遠，再加上金兵阻隔，這場歷史性的訪問，始終未能成功。

這個時候，金國的使臣來了，致書給西夏崇宗，信裏面說了三點意思。

第一點，如果天祚帝真到你這兒進行國事訪問，或者申請政治避難的話，你把他扣起來送給我。

第二點，這事你不白幹，你把天祚帝送來之後，我把當年遼佔領你的領土歸還給你。

第三點，話裏就含著威脅了，「倘有疑貳，恐生後悔」（《西夏書事》卷三十三）。你要是不這麼幹，有你小子好瞧的，你會後悔的。

金、遼高下已判，領土面積的誘惑，本國生存的考慮，絕對戰勝和老丈人的感情。什麼百年和好、甥舅之國，通通拋諸腦後，夏崇宗馬上就變調了，給金上誓表，向金稱臣。從此之後，我就是您的臣子了，我幫您滅遼。如果天祚帝來，我捆巴捆巴就給您送去，請您放心。金沒有了後顧之憂，專心滅遼。但金人狡猾，你不助遼了，我的要求達到了，我說話就不算數了。我答應把遼的地盤給你，現在不給了，我還答應佔了宋的地盤給你，那更是後話了，我也不給了。金人奪取了遼的地盤之後，原本是許給西夏的，現在把它交給宋朝了。西夏急了，惹不起金，就去惹宋。要說金人當時文化水準不高，可謀略都是天生的，不是哪本書上能教給你的。金朝這麼一挑唆，西夏跟宋就打起來了。這時已是一一二四年，轉過年來遼朝就滅亡了，再過三年北宋也滅亡了。這一次，西夏佔了點兒便宜，奪了宋朝幾個堡寨，很高興。得意了沒多久，金國人出兵把西夏佔領的原來遼國地盤——天德、雲內諸州，給奪過去了。這一下，西夏傻眼了。我攻打宋朝佔的地盤，是我自己攻佔的，不是你許給我的。你許給我的地，沒給不說，還把我佔的遼的地盤也給佔了。我怎麼這麼冤，到哪兒說理去？怎麼辦？西夏只能故技重施，再去攻宋。西夏的這種策略，在後來面對金跟蒙古的時候，一以貫之，有人打我，我就打比我更弱的，始終沒有採取有效策略聯合弱者對抗強敵。後來宋、遼、西夏、金，前仆後繼地倒下去，幹的事都如出一轍，只要有人打我，我就打比我更弱的，就是沒想到最後大傢伙兒被一勺燴，全完了。

當然西夏除了攻打宋朝之外，也要向金國表示一下自己的強硬，於是陳兵金國邊境，我不是你招之即來，揮之即去的。好在金國這個時候，一心想滅亡宋朝，不願意招惹西夏，憑空多這麼個敵人幹什麼呀？所以就跟西夏說，我佔的天德、雲內諸地不能給你，這是通往中原的要道，但可以把我佔領的宋朝陝西北部的領土給你，作為補償。西夏覺得這還差不多，金國就把佔領的宋朝陝北的領土給了西夏。西夏趁著北宋滅亡，宋室南遷，在陝西、甘肅一帶大肆擴充，疆域面積越來越大。西夏對金朝十分恭順，進貢大筆的金銀財寶，金國皇帝一高興，又把青海那邊的地盤賞給了夏崇宗。崇宗在位的時候，夏國的面積達到了鼎盛。北宋滅亡，建炎南渡，宋室南遷，夏跟宋之間的矛盾就不存在了，兩國都不挨著了，原來的宋夏邊境基本上就變成了金夏邊境。

西夏跟宋朝既然沒有矛盾了，當金朝欺人太甚的時候，還會遣使穿過金佔區到宋朝，聯絡宋朝川陝的軍隊，夾攻金朝，夏使曾經找過虞允文。當然宋朝大多數時候是自顧不暇，並沒有跟西夏聯合，就算聯合起來也打不過金朝。所以西夏出使，往往就是擺一個姿態。崇宗李乾順在位的時候，左右逢源，撞了大運，使西夏的面積達到了最大。崇宗三歲繼位，在位時間長達五十四年，成為西夏歷史上最成功的一位君主。他一死，兒子李仁孝繼位，年僅十六歲，這就是夏仁宗。

大興文治

夏崇宗李乾順，面對著比自己強大的宋遼金，只能左右逢源，因此他在位期間，西夏國力達到鼎盛。那麼，李乾順一死，接替他的這位夏仁宗李仁孝，會是一位什麼樣的皇帝呢？

李仁孝，光聽這名字就知道，他深受儒家文化的影響。仁宗皇帝繼位之後，全面繼承了老爹的政策，大興文治，厚養儒臣。把他老爹開創的學校的招生名額擴大了十倍都不止，原來他老爹供養三百儒生，到他這兒進學子弟三千人。皇宮裏邊還設立小學，七到十五歲的貴族子弟必須入學。貴族子弟如果不接受教育就不能當官。這好對付，我不當官，我們家有的是錢，我是王爺的兒子，當官還受累呢，我不當就是，我就不念書。皇上還下旨不念書不許結婚，這下傻了。你可以不當官，但你能不結婚嗎？王爺也不幹啊，不孝有三，無後為大，你不結婚，咱家的香火就斷了。我是王爺，到你這輩無後國除，咱這一支就交代了。皇上想的這招太絕了，怎麼能讓夏國貴族有文化呢？你們只要不讀書，就不能當官，也不能結婚。這樣，西夏的貴族子弟只好進學讀書。皇帝經常去學校視察、督導，看看學生學業怎麼樣，老師的課業怎麼樣。

緊接著，皇帝下令，尊孔子為文宣帝，中原王朝孔子是文宣王，在西夏是文宣帝，作為皇帝來祭祀。全國各地建立孔廟，孔廟一定要壯觀、精美，國家撥給經費，儒學在西夏大盛。仁宗還取法中原，編訂法律，翻譯典籍，加強農業生產，西夏的紡織業、印刷業，全都欣欣向榮地發展了起來。李仁孝在位的時候，西夏的國策不可避免地滑向了以儒立國。

在這種情況下，要把這個國家平平穩穩地帶上正路，不走邪路，外交政策的作用就顯得非常突出了。此時，西夏基本上是處在金朝的包圍之中，跟宋朝已經隔絕了。仁宗認為，歸附金國，至誠事大，絕對是最基本的國策。如果這個國策動搖了，就會給西夏帶來滅國之災，仁宗皇帝對於這一點確信不疑。

交好鄰國

李仁孝的父親李乾順在位的時候，採取的是左右逢源的外交策略，與鄰國相處甚好。那麼，這位李仁孝會不會也像他的父親那樣做呢？當時已經非常強大的金國會買他的帳嗎？

仁宗皇帝有一次誅殺了兩位想叛逃金朝的宋朝降將。這兩個人北宋末年在跟西夏接壤的地方做官，西夏攻打北宋的時候，二人歸降，現在又要叛降金國，仁宗皇帝就把這兩個人殺了。事過之後，他把此事奏報金國。當時金國皇帝是金熙宗，熙宗非常不高興。這倆人本來想投奔我，你不經任何人同意，也沒有跟我說一聲，就給殺了？但是，他也沒法公開下詔指責，只能責怪夏仁宗太過專權，以後再有這種事，你要奏報上國知道。仁宗趕緊上表請罪，但以後有樣學樣，什麼事我先幹了，幹完了之後，你翻臉我就請罪，不就是寫檢查嗎？

沒過多久，金熙宗被幹掉了，海陵王遣使到西夏，告訴西夏，你們換老大了，從今天開始海陵王是你老大，你要好好侍奉。夏仁宗秉承忠義之心，「仁孝」的名字能白叫嗎？你海陵王是臣子，竟然把皇帝殺了，我能認你這帳嗎？所以仁孝理直氣壯地質問金使：「聖德皇帝何為見廢？」聖德皇帝犯了什麼錯，你們為什麼要把他給廢了？金使回去告訴海陵王，李仁孝那小子問咱們，為什麼把金熙宗給廢了。海陵王一聽，龍顏大怒，你管得著嗎？金國凡是敢管這個事的人，都已經是刀下之鬼。你一個西陲小國，不知死活。當然，海陵王主要是對付南宋，沒把西夏怎麼當回事，只是遣使斥責，仁孝馬上說，老大老大我錯了。反正你們金國哪個人當了皇帝都是我的老大，我管你是誰。我當初太衝動，一不冷靜問了這麼一句話：「聖德皇帝何為見廢？」你們愛廢他就廢吧，現在換海陵王了，那海陵王就是老大。沒想到金國政局變化太快。西夏享國一百九十年，經歷十個皇帝；遼二百一十年，九個皇帝；金一百二十年，也是九個皇帝。海陵王南侵伐宋，被部下殺掉，金世宗登基，金國又換皇帝了。李仁孝馬上又變了，又換老大了，得趕緊巴結巴結。

仁孝在大金都是三朝元老了，從熙宗伺候到海陵王再伺候到世宗。他讓能工巧匠織一幅帳子給金世宗送去，極其精美。貢品送到金世宗的眼前，金世宗對於西夏的寵愛到了無以復加的程度。後來西夏險遭亡國厄運的時候，多虧了金世宗仗義援手。為什麼？他登基的時候，國內政局不穩，海陵王的舊部蠢蠢欲動，宋朝還要趁機攻打，這個時候仁孝給我送東西，這麼尊崇我，我怎麼能不對他寵愛有加呢？

西夏國主這個時候真的是非常聰明，不再動不動就跟人拔刀子了，而是靠外交謀略去討好金國，同時通好宋朝，也給宋朝進貢。雖然隔著那麼老遠，西夏照樣給宋朝進貢金銀酒器、綾羅綢緞，遣使不絕。反正我跟宋朝正常友好，金朝也不說什麼，只要金一欺負得太甚了，我就聯絡川陝宋軍，擺出個姿態。仁孝在位也是五十四年，跟他老爹一樣，這爺兒倆在位就將近一百一十年，而西夏一共才一百九十年。

仁孝大丈夫能屈能伸，也是一位有雄才大略的君主。他對內加強皇權，鞏固自己的帝位；對外，該服軟的時候就服軟，只要對西夏有利。而且，仁孝非常愛護百姓。那幾年也不知道怎麼回事，西夏國中老鬧地震，而且就在首都。震後的首都一片廢墟，老百姓就要起來造反。那時候不像今天，政府有及時的救濟措施，馬上就能保護百姓。那時如果邊疆地區發生地震，報到首都，恨不得都得個把月的時間，老百姓只能鋌而走險。仁孝不是一聽說有老百姓起義就派兵鎮壓，而更多的是派官員下去安撫。官府開倉救濟，給老百姓提供衣食住所。凡是家中有人因災死亡的，免稅三年，受傷的免稅兩年。凡是災區，視災情的輕重程度，一概減免賦稅。賦稅一減免，老百姓心裏就踏實了。我們家房子都陷到地下去了，你還讓我交賦稅，我拿什麼交？我又不是土行孫！現在朝廷下令不交了，不但當年的不交了，兩年、三年以後的，全都不交了，這下大家放心了。政府還發撫恤救濟，讓災民恢復生產，重建家園。老百姓對這個皇帝十分擁護。

仁孝在位的時候，夏國的國力繼續上升。但也就是在仁孝在位的這五十多年裏面，西夏差一點兒發生歷史上從來沒有過的、國家被分裂這種駭人聽聞的事。這又是怎麼回事呢？

十四
得敬分國

夏仁宗李仁孝在位期間，
一個叫任得敬的人，居然荒唐地提出要與李仁孝平分夏國。
那麼，這個任得敬是什麼人？
他怎麼敢跟皇上提出這樣的無理要求？
在西夏朝堂之上，又會上演一齣怎樣的政治鬧劇呢？

仁宗李仁孝在位五十四年，翩翩文治，國勢很強，但是他這五十四年的天子可稱不上是太平天子，因為他經歷了一件以往的王朝都沒有過的事，國家險些被一個論輩分是他姥爺的人一分為二，這個人叫任得敬。任得敬是漢人，本來是北宋西安州的通判。當金人伐宋的時候，西夏趁火打劫，進攻西安州。任得敬一看宋朝大勢已去，金兵都打到汴梁了，肯定不會出兵救西安州了，於是，他命令部下大開城門，歸降了西夏。

當時，西夏在位的皇帝是崇宗李乾順。崇宗一看任得敬這麼懂事，就讓他做西夏的西安州知州。任得敬一幹就是十年，西夏皇室快把他這個降臣給忘了。任得敬很鬱悶，難道我這一生就這樣庸庸碌碌地度過了嗎？因為我是異族，又是降臣，西安州也不是什麼不得了的大城市，我要是把汴梁獻給西夏，沒準兒我的官職還能大點兒。我就永遠這樣下去嗎？不行，我得想法子巴結皇上。任得敬眼珠子一轉，我女兒十七歲了，生得如花似玉，亭亭玉立，這要送給皇上，還愁沒有我的錦繡前程嗎？於是任得敬回去跟夫人商量，要把閨女獻給皇上。夫人當然不幹，閨女更是哭得都快昏過去了。一入宮門深似海，這輩子就完了！誰知道皇上當時多大歲數了，我才十七，正是大好年華。任得敬一意孤行，你們娘兒倆少廢話，咱一家的前程，寄託在此女身上。然後，他讓自己的弟弟押著女兒進京，把她獻給皇上。任氏女就這樣進了興慶府，進了皇宮大內。崇宗皇帝一見，果然龍顏大悅，真是美若天仙啊，給皇帝的心靈以極大的安慰。皇上封任氏女為貴妃，任得敬一下就成了外戚了，抱上了皇上的大粗腿，論輩分成了皇上的老丈人了。不久，任得敬晉升為靜州防禦使。

升了官之後，任得敬又開始琢磨了，防禦使雖然比知州高了點兒，但是距我的理想還差一大截子，什麼時候才能夠達到我的理想目標呢？只有一條路——我的女兒被立為皇后，現在她只是妃，這不行。崇宗李乾順原來的皇后也是梁氏，梁氏出了兩位太后、三位皇后，小梁太后死了之後，崇宗的梁皇后哪兒去了，史無明文，估計被廢掉了。崇宗此時沒有皇后，只有任妃、曹妃兩位妃子。曹妃進宮比較早，任妃年輕貌美，人品極好，絕不恃寵而驕，很知道尊重姐姐，而且任妃為人沉默寡言，安守本分，跟曹妃相處得很融洽。任妃本身也沒有「進取心」，很安於現狀，當個貴妃就行了，沒想做皇后。任得敬一看，當爹的還得負責女兒的事，就用金銀財寶賄賂朝中顯貴，讓他們向皇帝進言，把我的女兒任妃立為皇后。

拿人手軟、吃人嘴短的大臣們開始紛紛向皇帝進言，其中說話最有分量的，屬御史大夫芭里祖仁。芭里祖仁給皇帝上書：「伏見陛下兩妃並立，位號相夷，而無嫡以統之，則勢必近爭情，且生妒，豈所以防淫慝塞禍亂乎？今宜擇簪紱名家，動庸世族，素優才行，配合坤儀，庶兒上協神祇之心，下副臣民之望。」（《西夏書事》卷三十五）您現在倆媳婦並立，不分大小的話，就會產生嫉妒、爭鬥、怨恨，宮中就安定不了了，必須要分出大小（嫡庶來。要找一個出身名門、簪纓世家的人立為中宮，這個人品行得好，上合天心，下順民意。您看是誰？

皇上一看，就是任妃了。任妃出身名門，老爸在宋朝就是官，到我朝又做官，先做知州，後做防禦使，地位很高啊；而且任妃很識大體，美貌端莊，母儀天下，這些因素全都具備。芭里祖仁諫言，吾皇聖明，那就立她吧。因此，任妃被立為皇后。任妃立后之後，任得敬由防禦使升為都統軍，掌握兵權了。不幸的是，任妃剛做皇后，任得敬剛一升官，崇宗就駕崩了，在位五十四年，享年五十七歲。

仁宗李仁孝繼位，仁孝是曹妃所生。他很仁孝，無愧於他的名字，自幼飽讀詩書，受儒家文化影響很深。仁孝登基之後，把任皇后和自己的生母曹妃並立為太后。任得敬由皇上的岳父晉升為皇上的姥爺，也高升了，輩分長了。任得敬一門心思要入朝做官，但入朝做官，得有勳勞於國家，這怎麼辦呢？

兩立戰功

任得敬是個官迷，他為了升官不惜把自己的親生女兒送到宮裏。但即使是這樣，他的升官夢也沒能實現，因為在西夏國，得是有功勳的人，才能入朝為官。所以，任得敬就到處尋找立功表現的機會……

真是天賜良機，仁宗繼位後不久，夏國的夏州統軍蕭合達發動叛亂。大家聽他的名字，就知道他是契丹人。崇宗皇帝在位的時候，契丹把宗室女封為公主，嫁到西夏來，蕭合達是送親的娘家人。後來，他就留在西夏做官，因征討有功，賜國姓李，在西夏做到都統軍這樣的高官。他見仁宗年少，又是初登大寶，就想聯絡陰山附近的契丹舊部利用西夏的地盤，恢復大遼江山。除了聯絡契丹舊部之外，他還聯絡宋朝的降將，他以為宋朝的降將也是國破家亡，跟他的境遇相似，所以找到任得敬。任兄，你我都是亡國之臣，現在我想恢復大遼江山，擁立耶律氏的後人，你能不能助我一臂之力？

任得敬當時一口應承下來，沒問題，咱倆同仇敵愾，同氣連枝，我跟你一塊兒幹，恢復大遼。我反正是宋臣當過了，夏臣當過了，就差沒當過遼臣，補上這個遺憾，我很樂意。然後，兩人約好了起兵事宜，李合達美滋滋地回去了。

李合達一回去，任得敬馬上奏報朝廷，李合達要叛亂，請陛下明斷。仁宗說，卿謂計將安出？任得敬回答，予臣兵馬，討平叛亂。於是，仁宗皇帝發來兵馬，交由任得敬率領。任得敬雖說是個文官，但是很有膽略，領著兵馬直奔夏州。李合達一看，呵，得敬老兄說話算話，領兵來配合了，大開城門，歡迎歡迎熱烈歡迎。任得敬的兵馬衝進了夏州城，把李合達的一家老小全部俘獲。李合達有可能當時沒在城中，也有可能是逃出去了，領兵跟任得敬激戰。老窩都讓人端了，叛軍沒有什麼士氣，激戰的結果，李合達兵敗，逃至黃河岸邊，被俘斬首。

李合達被殺，任得敬奇功一件。皇上初登大寶，就發生大叛亂，我給征討鏟平的，我應該入朝做官了吧？仁宗皇帝本來也是這麼想的，我姥爺真不錯，為國家立此不世之功，我要招他入朝做官。這時，濮王仁忠出面勸諫，任得敬兵威赫赫，平定河南地，剛剛立下大功，如果解其兵權讓他入朝，圖謀叛亂的人，弄不好會繼續興風作亂。不如厚賜其官職，讓他領兵在外，彈壓地方，保衛朝廷，還是不入朝的好。皇上一聽，覺得有理，遂加封任得敬為西平公，繼續在外面領兵。任得敬雖然封了公爵，高官厚祿，威名遠揚，但是入朝的願望沒有達到，心中十分鬱悶。

我們上文講過，這時候，西夏國中發生地震，皇上派人去救災，但不是所有的地方都能救得及時。朝廷減免租稅，發給糧食種子，賜給耕牛，幫助百姓修葺房屋，一部分人被安撫了下來，但還有朝廷一時顧及不到的人，這些人就揭竿而起，打砸搶燒。於是，皇上又派平叛專業戶任得敬去平定地方。

任得敬到了之後，「遣官撫諭諸盜，宥其首惡，解散餘黨，諸亂漸平」（《西夏書事》卷三十五）。他派官員撫慰，恩威並用，甚至首惡都被寬宥，於是諸亂漸平。當然，對那些佔山為王，據險設寨，鐵了心跟朝廷對抗的人，任得敬就發大兵征討。那些星星點點的小堡寨，跟朝廷大軍作對，無異於以卵擊石，所以任得敬將叛亂逐次剿平，又立下一件不世之功。任得敬舊話重提，外孫子，我該入朝了。皇上再次徵求群臣意見，朕的姥爺想入朝，各位愛卿認為如何？

御史大夫熱辣公濟上疏朝廷：「竊見戚臣任得敬上表請朝，其心蓋為干政地也。從古外戚擅權，國無不亂，得敬雖屬懿親，非我族類，能保其心之不異乎？惟陛下察之。」（《西夏書事》卷三十六）臣見外戚任得敬上表要求入朝，自古外戚擅權，國無不亂。您是沒經歷過，但您爸爸崇宗、您爺爺惠宗、您曾祖父毅宗都經歷過外戚專權，國家大亂的事。況且任得敬是漢人，非我族類，誰能保證其心不異呢？萬萬不可讓他入朝。

仁宗皇帝雖然是少年天子，但並不糊塗，御史大夫所言甚是。轉過頭來問濮王仁忠，王爺您看呢？仁忠說，御史大夫說得太有道理了，第一次就沒讓他來，第二次他還想來，您趁早斷了他的念想，別讓他來了。於是皇上下旨給任得敬，所請不准，地方上離不開姥爺，您老老實實待著吧。

任得敬十分生氣，合著我這兩大功都白立了，只給我一堆金銀財寶，我要的是江山社稷，金銀財寶有什麼用啊？所以，他跟自己的女兒任太后講，閨女，這回看你了，你從貴妃到皇后，全是我幫的忙。我要不讓你叔叔把你送來，你能當貴妃嗎？我要不賄賂朝官，芭里祖仁能上表讓你當皇后嗎？現在我要入朝做官，閨女你看著辦。任太后很識大體，一看濮王仁忠在朝，不敢發言。太后不敢反對濮王，假如我說我爹要入朝，濮王反對，我都不知道應該怎麼跟濮王說。太后不發言，任得敬就急了。太后不幫忙，怎麼辦呢？

得敬入朝

任得敬的算盤打錯了，他萬沒想到的是，即使他為朝廷立了功，也不可能入朝為官，而且身為太后的女兒根本不幫他。那麼，任得敬會就此作罷嗎？他又會想出什麼辦法來升官呢？

任得敬用重金去賄賂晉王察哥。察哥是一員名將，但見錢眼開，黑眼珠子盯著白銀子，心怦怦地跳。拿到任得敬的賄賂之後，察哥就在皇上面前極言任得敬可用，要讓他入朝為官。

在晉王的斡旋下，任得敬終於得以入朝為尚書令，後來又遷中書令，等晉王察哥一死，任得敬又做了國相。跟沒藏訛龐、梁乙埋當的官一樣了，又是外戚做國相。任得敬一當上國相，一朝權在手，便把令來行，兄弟子侄全都入朝為官，而且都掌握機要，在朝中為所欲為。曾經勸阻仁宗皇帝不讓任得敬入朝的御史大夫熱辣公濟，皇上也知道他是個忠臣，但是任得敬一定要置他於死地，皇上沒轍，任得敬權力太大了，就只好把熱辣公濟撤職，告訴熱辣公濟往家鄉跑，離開任得敬的視線，低調一點兒，銷聲匿跡，能跑多遠跑多遠。任得敬是朕的姥爺，他肯定沒我活得長，將來等他腿一伸，愛卿就有重新被起用的那一天了。朕明白你是忠臣，雖然撤了你的職，實際上朕是保護你，你趕緊跑吧。熱辣公濟就跑了，留得青山在，不怕沒柴燒，我何必在這兒做個冤死鬼呢？這樣，朝中的忠臣只要是不想死的，就全跑了，仁宗皇帝越來越孤立。

任得敬的所作所為，甭說大臣看不上眼，連任太后都看不上眼。史籍記載太后屢屢勸爹，但是，「屢戒不聽，日以盛滿為憂」（《西夏書事》卷三十七）。太后總是勸她爹，咱們任家能有今天要感謝皇恩，您不能這麼跋扈啊，任得敬根本不聽。太后非常憂懼，我憂，我憂，我憂憂憂，可老爹不聽，最終太后死在她老爹前面了。任太后一去世，最後一個能夠對任得敬構成牽制的力量也不存在了。原來別人勸諫、阻撓我，我可以弄死他。但我女兒勸諫我，我殺自己閨女不合適，更何況她是太后，拿她沒轍。現在我女兒終於光榮地完成了她的歷史使命，在該退下去的時候退下去了。沒有她當貴妃、當皇后、當太后，就沒有我這今天，但她要不死，就沒有我的明天。這個女兒沒白養！任得敬很高興。

任得敬不斷地向皇上要封號，要爵位。我現在剛是公爵，您不覺得小了點兒嗎？我是你姥爺，你看著辦吧。皇上只得封任得敬為楚王。儀禮異姓不王，任得敬不但異姓，而且異族，他被封為楚王，大臣們敢怒不敢言。任得敬晉封楚王，權力比皇上還大，仁宗皇帝基本上被架空了。

陰謀分國

任得敬入朝為官後，權力欲越來越膨脹，他已經不滿足於做一個人臣了，他開始對皇帝的寶座，動起了歪心思……

任得敬抓緊時間，為自己的陰謀採取行動。任得敬尋思，我畢竟姓任，而且又不是党項族，如果要把外孫子廢了自立為帝，國中肯定不服。但是，我要跟我外孫子二一添作五，把這國家給劈成兩半，也許有可能。西夏號稱幅員萬里，劈一半還五千里呢，再小我也是一國之君，也可以南面稱孤。他打算統治西夏故地，就是党項拓跋部興起的地方，把皇上轟到河西走廊，瓜州、沙州一帶。這個國家一分兩半，東邊是我的楚國，西邊是你的夏國，兩國永做好鄰居、好夥伴，不知陛下意下如何？仁宗皇帝不敢說不行，要是王莽、曹操、司馬炎、楊堅，那我就徹底靠邊兒站了，好歹我這姥爺比那幾位還強點兒，還給我留了一半國土。所以皇上說，朕沒意見，但我冊封不了你，朕也是大金皇帝冊封的。我可以把這個國家分給你一半，但問題我是使喚丫頭拿鑰匙，當家不管事，你想當楚國皇帝，得大金皇帝冊封。

任得敬明白了，這事您甭管了，我找金國探問探問虛實。這時，西夏有兩個部族叛亂，任得敬向金朝上報，說要出兵討逆，金世宗不同意，因為這兩個部族要投奔金朝。但任得敬還是出兵了，你愛同意不同意。平定叛亂之後，任得敬遣使去金朝告知。我，西夏楚王任得敬，平定了國中叛亂，特來向您彙報。使臣回來之後，任得敬就問，金主什麼態度啊？使臣說，差點兒沒給我嚇死，皇上的臉冷得能刮下冰碴來，對我們愛答不理的。看來您要想稱帝，金國可能不會同意。任得敬一想，這怎麼辦呢？我再試探他一把。

任得敬告訴自己的外孫子李仁孝，姥爺病了，你替我跟金國皇帝說，請個名醫來給我治病。李仁孝就上表金國朝廷，我姥爺病了，您得派個名醫來。金世宗心裏想，你姥爺死了才好，不派。仁孝再三上表，求求您了，我姥爺真快死了，您趕緊著。世宗皇帝一看，仁孝這孩子老給我們金國進貢金銀財寶，至誠事大，把我們奉為上國，別讓這孩子為難了，就派了個名醫去給任得敬瞧病。任得敬本來啥病也沒有，金國很心疼我嘛，真把名醫派來了。名醫一來，任得敬的病就好了。名醫當然更高興了，我把楚王的病治好了。金國名醫回國之後，李仁孝上表金國朝廷，表示感謝。任得敬也派了個使臣，以個人的名義，對大金皇帝表示感謝。

西夏向金國皇帝進貢，國家派來了使臣；楚王私人代表也來了，也向金國進貢。這一次金世宗明確表示，任得敬是什麼身分的人？你是夏國的臣子，你的皇帝是我們金國的臣子，你是臣子的臣子，你只是陪臣，自己什麼身分你要明白。你怎麼能越級給我進貢呢？不收！任得敬的禮物被原樣退回，連包裝紙都沒拆開。任得敬明白了，看來金國不贊成我當皇帝。

金帝拒奸

任得敬要與夏仁宗李仁孝平分夏國的事情，必須要得到西夏的宗主國，也就是金國皇帝的同意。但是金國皇帝根本對任得敬不予理睬。於是，任得敬就決定要報復金國，那麼他會想出什麼餿主意來報復金國呢？

任得敬給宋朝寫了封密信，想聯絡宋朝出兵打金國，但是，使臣去宋朝一定要經過金佔區，使臣行事不密，被金軍俘虜了，這封密信也就被金國人繳獲了。金世宗本來就瞅著任得敬怎麼都不順眼，你居然還敢聯絡宋朝出兵打我？這心裏邊就有了除去任得敬之意。任得敬見宋朝半天沒回音，知道大概時機不好。那我乾脆就直接動手分國吧，甭管金國同意不同意了。因此他跟仁宗講，這江山咱倆一人一半，我要建立我的楚國，你接著當你的夏王，井水不犯河水，兩國友好相處。

仁宗皇帝無奈，只得把國家分給任得敬一半，於是就有了西夏歷史上有名的得敬分國。但分國大事也要報告金國朝廷，一定要有金國皇帝的冊命才成。仁宗李仁孝派遣三位大臣出使金國，奏報給金國朝廷。大臣們都不願意去，眼瞅著社稷傾覆，國家要分給人一半了，誰那麼心大啊。見大臣們都不去，仁宗皇帝說，卿等必須前去。你們把這個表章奏報上國之後，個中因由，要讓金國皇帝知道。此事重大，卿等非去不可。這下大臣們明白了，皇上也不是真願意分國，誰願意把江山分給別人一半？於是使臣就來到了金國，見到了號稱北國堯舜的金世宗，金國歷史上著名的明君聖主。表章往上一遞，我們夏國從此之後分為兩半，您又多了個臣子叫楚國，請您冊封。金世宗召集大臣廷議。夏國要分為兩半，咱們同意不同意，要不要給任得敬封號？世宗皇帝的舅舅、尚書令李石說，他國之事與我何干？人家爺孫倆的事，許他便是。兩半就兩半，四半八半關咱啥事啊？咱還嫌兒子少啊？一個進貢的給一份，倆進貢的就給兩份，這玩意兒多多益善嘛。

金世宗否決了自己舅舅的提案，義正詞嚴地說了這麼一番話：「有國之主，豈肯無故分國與人，此必權臣迫奪，非夏主本意。況夏國稱藩已久，一旦迫於賊臣，朕為四海主，寧容此耶？若彼不能自正，則當以兵誅之，不可許也。」（《西夏書事》卷三十七）哪個當皇帝的願意平白無故把國家分給別人一半？顯然這是權臣壓迫，一定不是西夏國君的本意。西夏國當我們的乖兒子那麼久了，現在如果他被賊臣所迫，咱們不管，朕為四海之主，有何臉面見天下之人啊？如果仁孝沒法擺平這個任得敬分國的奸謀，朕將派大金軍隊去誅殺任得敬，絕不能同意任得敬分裂西夏的陰謀。隨後，金世宗又給李仁孝下了一道詔書：「今茲請命，事頗靡常，未知措意之由來，續當遣使以詢爾。」（《西夏書事》卷三十七）你現在請求好端端地把國家扔出去一半，這事太離譜了，太不同尋常了，我不知道這是為什麼。你派新的使臣來，我向他了解一下詳細情況。金國詔書到了西夏，任得敬就知道金國是不會同意他做皇帝了。

此時的任得敬就像一個輸紅眼的賭徒，不顧一切了。你金國愛同意不同意，我索性起兵佔領整個西夏，生米做成熟飯，看你怎麼辦。但是這個時候李仁孝知道自己有大金做後盾，有老大罩著我不怕你了，就把熱辣公濟、斡道沖這些當年被迫害的名臣，全都召回朝來。這些人在朝野之中聲望極高，任氏專權這麼多年，天怒人怨，不管是黎民百姓還是文官武將，誰不恨他啊？沒等任得敬起兵呢，夏仁宗先起兵了，一舉鏟平了任得敬一黨，任得敬分國的陰謀未能得逞。

仁宗皇帝除掉任得敬後，繼續做自己的天子，在位五十四年駕崩。他去世之後，兒子純祐繼位，就是夏桓宗。

桓宗當了十幾年皇帝，基本上都是按照老爹的既定政策辦事。十幾年皇帝當得四平八穩，順順當當，沒什麼可歌可泣的，也沒什麼大悲大喜的。本來太太平平地當著皇帝，沒想到攤上大事了。越王仁友病逝之後，他的兒子李安全想承襲父親的爵位。桓宗覺得李安全道德品質惡劣，不配襲爵，不但沒同意，還把他降封為鎮夷郡王。李安全懷恨在心，圖謀報復。用什麼招呢？匪夷所思，李安全跟桓宗的母親羅太后私通，不知道他們怎麼勾搭上的，論輩分李安全是桓宗純祐的堂兄，他等於跟自己的嬸娘私通。西夏的皇太后還就偏好這一口，羅太后被愛情給陶醉了，居然廢掉自己的親兒子桓宗純祐，立李安全做皇帝。桓宗很快就掛了，估計是被做掉的，李安全就是夏襄宗。羅太后也沒有什麼好果子吃，先被流放，後來也被害死了。

李安全做了皇帝之後，皇位可一點兒都不安全。他白叫這個名字了，跟李仁孝真沒法比，人家李仁孝確實仁孝。李安全在位的時候，西夏幾乎遭到了滅頂之災。為什麼會出現這種事呢？

十五

西夏滅亡

西元1227年，在歷史上存在了一百九十年的西夏王朝走向滅亡。
那麼，在這個王朝的最後時刻，它都經歷了哪些風雨？
中國現在的五十六個民族當中，並沒有党項族。
那麼西夏亡國之後，這個曾經創造了輝煌文明的民族到底去哪裏了呢？

西夏的宗室李安全，廢掉桓宗自立，史稱夏襄宗。李安全覺得，自己搶到手的皇位是個香餑餑，沒想到他一坐上就知道了，這皇位太不安全了。蒙古成吉思汗已於此時崛起於漠北，完成了草原的統一，建立了蒙古汗國。蒙古汗國建立之後，四處征討，進攻的矛頭直指西夏。蒙古軍隊曾經六次伐夏，其中四次是成吉思汗親自指揮的。

第一次，發生在桓宗純祐在位的倒數第二年。當時成吉思汗以西夏接納他的仇敵為藉口，率軍越過邊界發動進攻。這時候，成吉思汗進攻西夏，更多是一種試探，或者也可以講是以搶奪為目的，並沒有消滅西夏的計畫。所以蒙古軍把西夏打得大敗虧輸，燒殺搶掠一番就撤了。蒙古兵一撤走，桓宗趕緊大赦天下，宣布改元，修復被蒙古軍破壞的邊牆。第二年，桓宗就被廢了，李安全繼位。

李安全剛一繼位，蒙古軍再次大規模伐夏，這次的藉口是西夏不肯稱臣納貢。成吉思汗大軍攻佔了西夏的邊防重鎮，然後出兵到處搶掠，歷時一年之久。後來因為氣候原因，蒙古兵才撤走。

蒙古連侵

蒙古大軍對西夏進行了歷時一年之久的掠奪，不僅使西夏的經濟發展受到了巨大的打擊，更為重要的是，這次侵略直接導致西夏又多了一個仇敵，從而使西夏陷於腹背受敵的困境。那麼，這究竟是怎麼回事呢？

當蒙古人在西夏大肆攻掠的時候，襄宗李安全向金國求援，你是我的宗主國，現在蒙古人打我了，你得幫我啊！不幸的是，這個時候金國在位的君主，不是雄才大略的世宗了，而是昏庸的衛紹王完顏永濟。完顏永濟看到蒙古跟西夏打仗，拈鬚大笑，敵人相攻，吾國之福也。你倆打去吧！金國拒絕出兵幫助西夏。蒙古兵一退，李安全馬上起兵攻打金國。兩國八十多年沒有動過手，這次李安全真怒了。金國的短視，為自己又製造了一個仇敵。但是，李安全這麼做更加忽視本國的安全，這時候應該不計前嫌，跟金聯合。西夏攻打金國，當然不可能討到便宜，金國比蒙古弱，但比西夏還是強的，西夏軍無功而返。轉過年來，李安全就被幹掉了。西夏的宗室——齊王李遵頊殺掉李安全自立，李遵頊就是夏神宗。西夏最後時期的皇位更迭，血腥味道越來越濃了。

神宗皇帝繼位之後，金國可能也覺得上次沒有出兵援助西夏不太合適，所以馬上冊封他為夏國主，承認了他的政變陰謀。按說他是廢主自立，篡逆之臣，但是金國沒有計較，馬上冊封。可是神宗野心勃勃，而且睚眥必報，繼位之後繼續出兵攻打金國。

實際上在李遵頊當皇帝之前，成吉思汗的大軍已經又把西夏禍害了一個夠。西夏在賀蘭山口的重鎮全都被突破了，西夏幾乎是在蒙古人面前裸露出了自己孱弱的身軀。賀蘭山天險一失，蒙古大軍直搗西夏的首都中興府（原來的興慶府），當時西夏皇帝還是李安全，他親自登城督戰，指揮士兵晝夜防守。蒙古軍見打不進去，就扒開河道，以水代兵。中興府被泡了半年，城牆都泡酥了。幸虧此時，因為天降暴雨，洪水反灌入蒙古軍大營，成吉思汗這才退去。這是李遵頊當皇上之前，成吉思汗第三次攻打西夏。

李遵頊看不見前車之鑒，李安全的時候都挨過蒙古人兩回打了，應該改變安全的策略，但是他還是外甥打燈籠——照舅（舊），接著跟金國死磕，面對強敵，找弱者撒氣。可西夏就是跟金國打仗，也不是金國的對手。李遵頊幾次出兵，幫助蒙古攻打金國。一開始西夏軍配合蒙古兵，一舉攻克了金國的重鎮，轉過年來他又出兵三萬，配合蒙古兵猛攻金國在今天山西境內的領土，但是這一次他被金國打敗了。金夏兩國的仇越結越深了。

外交失算

在蒙古、金和西夏三國呈鼎足之勢的關鍵時刻，最弱小的西夏選擇了同蒙古結盟，與金國為敵。那麼，作為盟友，強大的蒙古會如何對待孱弱的西夏？西夏附蒙抗金的策略能夠換來蒙古的友誼嗎？

事與願違，西夏打錯了算盤，錯以為幫著蒙古伐金，蒙古就不會對付自己，恰恰相反，蒙古第一個要滅的就是西夏。

道理很簡單，這已經不是當年崇宗李乾順在位的時候了，西夏可以左右逢源。金當年就想滅遼，沒想滅夏，你只要不幫遼的忙，我允許你存在。而蒙古要混一四海，後來大半個歐亞大陸都是蒙古人的，能允許你一個小小的西夏存在嗎？西夏地方連接中原和西方，疆域之內就是傳統絲綢之路，不把你滅了，商路怎麼暢通啊？你這個地方太重要了，而且是一個四戰之地，挨揍的地方，你待在這兒，必須挨打。蒙古佔領西夏之後，可以對金形成合圍之勢。金軍主力在河南，蒙古人如果從北方進攻，只能走一個方向，滅了西夏就可以從西方攻金。如果跟宋合兵，還可以從南方來，東邊只有大海，金國人也不能都跳海，蒙古三面兜擊，滅金更有把握。另外，西夏之地，水草豐美，農耕經濟發達，又能製造精良的鎧甲兵器，還有那麼多戰馬。佔領了夏國所在的地區，蒙古人可以以戰養戰，找到一個穩定的後方基地，支援長期的軍需，所以滅夏是必須的。雖然現在咱們合兵打金，但我還是要打你，只不過我需要一個藉口而已。很快，蒙古就找到了這個藉口。

成吉思汗西征花剌子模時，西夏的使臣就在蒙古軍中。成吉思汗問他，我要打花剌子模，你們西夏能派多少人啊？西夏使臣很輕慢地回答了成吉思汗，一個小小的花剌子模，你都打不下來，你稱得上什麼四海之主啊？成吉思汗聞言大怒，既然你不肯出兵相助，那我就先打你。於是，蒙古大軍第四次進攻西夏。

這次不是成吉思汗親自領兵，他派手下名將木華黎率軍伐夏。木華黎用兵如神，長途奔襲，迅速包圍了中興府。神宗李遵頊猝不及防，讓太子德任駐守京師，自己跑到西涼府（今甘肅武威）避難去了。西夏人一邊守城，一邊遣使求和。當時成吉思汗的主力正在西征，還要對付金國，畢竟金國是主要敵人，暫時無力滅亡西夏，所以木華黎就接受了西夏人的求和，蒙古軍撤離了中興府。

神宗退位

西夏聯蒙抗金的策略，不但沒能換來蒙古的友誼，還將自己置於腹背受敵的困境。而同時面對兩個強敵，西夏必將面臨一場滅頂之災。那麼對於西夏當時的處境，夏神宗是怎樣的態度呢？

蒙古軍一撤，夏神宗得意洋洋地回來了，蒙古人奈何我不得啊！太子德任勸說神宗，助紂為虐、為虎作倀的事，咱再也不能幹了，無論如何要跟金國講和，再不能走這條自殺路線了。皇上一聽很生氣，就把太子囚禁起來廢掉了，很快太子就死了。夏神宗繼續走自殺式的發展道路，大臣們非常反感，我們跟金又沒有什麼大仇，連年出兵，幫助蒙古伐金，國力已經虛耗到了極點，再這樣下去的話，西夏的滅亡，指日可待。

蒙古人這時候又來找西夏出兵，一起伐金。夏神宗不顧群臣勸諫，出兵十萬，跟蒙古兵一道進攻金國的鳳翔府。

沒想到這次蒙古人打了個敗仗。本來西夏國的軍隊就不想跟金國打仗，燒我城郭、殺我人民、毀我莊稼的都是蒙古人，我為什麼要跟金打仗呢？十萬夏軍藉口打不過金軍，也沒跟木華黎說一聲，就撤回國了。西夏人一撤，木華黎怒了，蒙古人以此為口實，第五次出兵伐夏，又攻入西夏境內，大肆殺掠了一番，然後撤走。

此時的夏神宗已經六神無主了，實在也混不下去了，大臣們都不幹了，紛紛上表，您年事已高，是不是考慮退居二線啊？夏神宗一想，這個爛攤子我也真收拾不了，李安全是什麼下場我都看見了，他不安全，我也別幹這差事了。於是神宗退位，成了西夏唯一的太上皇。皇位傳給次子德旺，這就是夏獻宗。獻宗繼位之後，面臨的是一個末路王朝，奄奄一息的場面，山河殘破，回天無力。

西夏滅亡

西元一二二六年，成吉思汗親統大軍第六次伐夏，而這一次蒙古軍的目的就是滅亡西夏。那麼，面對危難的局勢，剛剛即位的西夏獻宗會怎麼辦？他還能有回天之術嗎？

這一次成吉思汗的策略很明確，拔除西夏所有的城市和據點，把西夏的首都變成孤城一座。蒙古大軍遊騎四出，基本上西夏的城池全被佔領了。夏獻宗傾最後一支主力十萬人，由夏國的名將嵬名令公率領，在靈州與蒙古軍展開決戰，結果十萬夏軍幾乎全軍覆沒。

蒙古人打仗有一個傳統，在戰場上，殺夠一千人就倒吊一具屍體計數，這一仗下來，滿眼望去，戰場上到處是倒吊的屍體。嵬名令公被俘，歸降蒙古，西夏這個時候已經是徹底沒戲了，就剩下首都孤城一座。成吉思汗的大軍，團團圍住了中興府。

中興府被圍之後，成吉思汗覺得西夏已經是有今兒沒明兒了，用不著舉全國之兵圍困這麼一座孤城，所以留下部將包圍中興府，自己親自率軍伐金。成吉思汗一走，夏獻宗就被活活嚇死了，也可能是他太放鬆了，巨大的喜悅感也容易讓人突然犯病。

比夏獻宗早幾個月，他的爸爸太上皇神宗就病死了。夏神宗是惹禍的根苗，倒得了善終。夏獻宗一死，群臣擁立他的侄子繼位。這時候國土就剩一座城池，皇上跟市長也沒什麼區別了。獻宗的侄子繼位，就是夏末帝，末代皇帝當然也沒有廟號了。西夏人在城裏草草地舉行了登基大典，剩下的就是想著怎麼投降、怎麼能保全皇室一脈了。

成吉思汗此時已經回到了前線，親自指揮滅夏。他在六盤山避暑，準備對西夏發動致命一擊。可是不用成吉思汗費心，中興府又地震了。中興府一地震，城防工事稀里嘩啦全完了。末帝一看，天亡我也，本來我從叔父手裏接過來的就是一個爛攤子，現在連爛攤子都被砸了，守也守不下去了。末帝遣使出城，拜見成吉思汗，說我們打算投降。

成吉思汗現在已是病入膏肓了，眼瞅著有出氣沒進氣。他告訴自己的接班人窩闊台，我死之後祕不發喪，如果西夏遣使出降，立刻接受，趕緊進城，進城之後就屠城，把西夏皇族屠戮殆盡，斬草除根，不能留下一個後患。據說成吉思汗是在六盤山背靠著一棵大樹去世的。成吉思汗一死，他靠著的這棵大樹立刻被鋸倒，劈成兩半，把中間掏空，做成棺材，給成吉思汗穿上金盔金甲，連同金盤子、金碗、金筷子，填到樹棺裏面，外面以三道金箍包裹。然後大軍起程，把靈柩運回起輦谷。這個地方在哪兒，沒人知道，可能永遠也找不著。起輦谷應該是在今天的蒙古國，內蒙古伊金霍洛旗的成陵只是成吉思汗的衣冠塚，他的屍體並不在那兒。

蒙古退軍時，走一條沒人知道的小路，沿途只要有牧羊的或者迷路的，撞上蒙古軍，看見給大汗發喪的隊伍了，通通被殺掉。成吉思汗下葬，不起封土，沒有墳包，蒙古人很環保，來於草原，回歸草原。草原上本來土地貧瘠，再全壘上墳包的話，不長草了，牛馬駱駝、子孫後代吃什麼啊？把他的屍體埋進坑裏之後，把土回填，然後萬馬踩踏為平地，播種牧草。當著一頭母駱駝的面，殺掉小駱駝，來年想祭祀成吉思汗的時候，就趕著這頭老駱駝走，參加祭祀的成吉思汗的生前好友在後邊跟著。只要這隻駱駝跪下來哀嚎不起，這個地方就是成吉思汗的陵墓。因為駱駝認得這地方，孩子就在這兒被殺的嘛。等這頭老駱駝一死，就沒法知道成吉思汗到底葬在哪兒了。二十世紀九〇年代以後，美國考古學家跟蒙古國合夥，想在蒙古國境內找到成吉思汗陵墓，但直到現在還沒有聽到找到的消息。後來元朝所有的皇帝都是葬於起輦谷，歷朝的皇帝都有帝陵，元朝的帝陵在哪兒？不知道，因為都是用這種方法安葬的。

成吉思汗一死，西夏的末帝出降。蒙古兵依照成吉思汗的遺囑，衝進中興府之後屠城。夏末帝被殺死了，西夏皇族被徹底殺光了。至此，西夏滅亡。如果從元昊稱帝算起，西夏經歷了十個皇帝，一百九十年。

民族餘緒

作為西夏的主體民族，党項族曾經創造了非常輝煌的大夏帝國，但是伴隨著西夏的滅亡，党項族也隨之消失。在今天五十六個民族中，已經沒有了党項族的位置。那麼在西夏滅亡之後，党項族究竟到哪裏去了呢？

西夏政權滅亡之後，党項民族到哪裏去了呢？最大的可能性是跟周圍其他的民族，比如漢族、藏族、蒙古族融合了。二十一世紀以來，學者、專家們對亡國的西夏人後裔進行考察研究，發現西夏人的後裔現在可能在六個地方存在。

第一個地方是在西夏的故地。西夏滅亡後，河西走廊、鄂爾多斯高原、河套平原存在著大量的党項遺民。元朝把民族畫分為四等：蒙古人是第一等，色目人是第二等，漢人是第三等，南人是第四等，這是按照蒙古征服的先後順序來定的。蒙古人就不說了，本家骨肉。色目人中就包括党項人。色目人的意思是各色各目，不是說眼珠跟咱們不是一個色，各色各目就是被蒙古征服的党項、維吾爾，包括中亞國家的人。党項人在元朝的政治地位比金人、宋人還要高，元朝經常徵發党項人參軍打仗。在蒙古語裏，党項叫唐兀。蒙古史籍中經常記載蒙古徵發唐兀軍，後來蒙古滅宋的部隊裏面就有很多唐兀人。考古學家二十世紀七〇年代在今天甘肅酒泉發現了一塊石碑，是用漢文和維吾爾文寫成的，石碑完整地記載了從西夏滅亡到元朝末年，一百三十多年間，一個唐兀家族六代十三個人在元朝做官的歷史，他們家的世系、家譜記載得相當完整。這證明一直到元朝滅亡，在西夏故地還是存在党項人的，但是現在這些人已經跟當地民族融合了，今天他們可能是漢族，可能是裕固族，可能是蒙古族，也有可能是藏族、羌族。

還有一支党項人在今天的安徽。這一支党項人在蒙古人入主中原之後，隨蒙古人在安徽定居，並世代在此地為官。這支党項人中，最有名的是元朝末年行省丞相余闕。他的名字完全是一個漢族的名字，但他確實是党項人。元朝把全國畫分為十個行省，也有的說是十一個行省。今天中國地方最高一級行政機構叫做省，就是從元朝開始的，以前只有路、府、州、縣，行省的長官也叫丞相。元朝末年，天下大亂，群雄四起，逐鹿中原，韓林兒、張士誠、陳友諒紛紛起兵反抗元朝。當時陳友諒的軍隊進攻余闕鎮守的城池。余闕指揮部眾堅守城池，拒不投降。最後闔族自盡，一家幾十口自殺，全城老幼，凡是不願陷於賊手的，也都自殺相隨。他的小妾自殺的時候，因為孩子還在襁褓之中，所以不忍心帶著孩子一塊兒死，就把孩子擱在水邊，自己投水自盡了。陳友諒的部隊衝進城後開始大搶特搶，窮怕了，可有今天了，官員、富戶、商家，挨個兒搶，每個人懷裏都抱著沉甸甸的東西。有一個陳友諒手下的軍官就看到了余闕的孩子在地上擱著，他可能也受過點兒教育，一看這個孩子，很感歎地說，此必余參政種也，吾當贍養之。這一定是余參政的孩子，這樣的忠義之臣，有遺孤留下來的話，我得把他養大。軍官把懷裏搶的東西一扔，把孩子抱走了，這個孩子一直活到了明朝。朱元璋得了天下，對余闕殉國的行為大力旌表，給余闕建廟祭祀，余闕相當於元朝的文天祥。朱元璋雖然推翻了元朝，但是對於這種氣節之臣、忠義之士，哪朝哪代都是極力讚揚的。這一支党項人就在今天的安徽定居，但是他們已經完全演變成了漢族。除了族中的老人，或者是受過教育、懂點兒歷史的人之外，一般人大概都不知道自己是党項人的後裔。還有一支党項遺民在河南被發現。他們也是跟隨蒙古軍進入中原的，之後鎮守河南，出了很多做官的人。他們後來也都改了漢姓，在家鄉樂善好施，修橋鋪路，興辦學校，開粥場，深得百姓的愛戴。但是這支党項人的後代，甭管是在史籍還是在縣誌當中都已經找不到了，估計徹底漢化了。

另外，前面講過，西夏文的使用範圍非常廣，除了西夏故地之外，在杭州、北京、保定都發現過西夏文。北京居庸關過街塔的塔洞裏面，石刻六種文字，其中有一種就是西夏文，證明北京也曾經有西夏的後裔生活過。河北保定的一座寺廟裏面有一座石經幢，上面刻的是西夏文，說明此地有西夏後裔存在。這座經幢刻於明弘治十五年，西元一五〇二年，西夏是一二二七年滅亡的，也就是說在西夏滅亡後將近三百年，仍然有党項的後裔使用党項文。河北保定是漢民族聚居的地方，由此來看，河北地區應該也是有党項的後裔存在的。

在青海河湟地區，就是党項跟吐蕃一直爭奪的地方，原來的土司的後人姓李，他在二十世紀九〇年代，把自己保存的家譜交給國家，從乾隆時代一直到民國時代。據他說，他們家的直系祖先叫李賞哥，是西夏末帝的兒子，他們家是西夏皇族。專家考證了一番之後覺得不太符實，因為西夏皇族已經被殺乾淨了。但是可以認定，他也許跟党項人有一些關係，比如說他可能是沙陀人的後代，也可能是吐谷渾的後代，但不能斷定他是党項人的後代。

党項後人

雖然很多党項人已經融入了其他民族之中，雖然今天中國五十六個民族裏並沒有党項的名字，但是種種跡象表明，党項族，這個曾經為中華文明做出過巨大貢獻的民族，這個曾經輝煌燦爛的民族，他們的後裔還是留存了下來。那麼党項族的後裔現在究竟生活在哪裏呢？他們又存在於哪個民族之中呢？

最有可能是党項人後代的，也很好地保留了自己的語言特徵的，就是在今天四川木雅的一群居民。這些人的民族成分，有的是藏族，有的是羌族，但是他們自稱為木雅人，他們把這個地方叫作木雅。他們的語言羌人聽不懂，藏人也聽不懂，當然他們都會講藏語、羌語，所以他們自己的語言很有可能是一種古代流傳下來的語言。據他們講，他們就是當年西夏皇室南遷的後裔，在這裏建立了一個土司政權，名叫西吳甲爾布，一直存在到清朝康熙年間。西元一七〇〇年，因為土司沒有後代，這個土司政權才被朝廷取消。如果有一天謎底揭開，認定這些人確實是党項人的後裔，那就不得了了。因為党項從景宗元昊正式建國到西夏滅亡，是一百九十年，上推到拓跋思恭割據宥州時代，共有三百多年。西吳甲爾布要真是党項皇室的直系後裔建立的政權，直到一七〇〇年才結束的話，那麼党項人在中國歷史上建立政權的時間就長達八九百年。中國歷史上沒有一個王朝，甚至包括秦始皇統一以前的三代都沒有這麼長時間。党項族在中國的歷史上絕對是應該留下濃抹重彩的一筆的。

西夏政權的興亡沿革，因為史料記載的缺失，不可能像遼、金那樣，講得那麼詳細。至此，這個政權的來龍去脈就講完了。

遼、金、西夏，這三個朝代，是少數民族建立的王朝，所以我給他們起名叫《塞北三朝》。當然塞北不一定準確，有的人說西夏不算塞北，這裏就是為了好概括。還有人說這三朝不應該稱「朝」，北京是遼、金、元、明、清五朝故都，沒有說五國故都的；南京也是東吳、東晉、宋、齊、梁、陳六朝故都，已經約定俗成了。

塞北三朝輝煌的歷史再一次證明了中華民族的歷史是由今天中國境內的各個民族，或者歷史上中國境內的各個民族，共同創造的歷史，也是一部民族團結的歷史。

後記

二〇一〇年，我在中央電視臺《百家講壇》欄目主講了《塞北三朝》，其中第一部《遼》在當年播出。三年來，不斷有朋友和熱心觀眾向我打聽《金》和《西夏》何時能播出，我一直無法給大家一個準確的答覆，感謝大家厚愛的同時，也感到十分愧疚。

四年前出版《兩宋風雲》時，我在後記中寫了我從小對歷史的喜愛和敬意，以及長大以後成為一名歷史教師的自豪和責任。在此，我還想說明一點的是，我不是歷史學家，不是專家學者。我大學讀的是歷史教育學，說白了就是怎麼教歷史，而不是怎麼研究歷史。走上工作崗位，站在三尺講臺上時，我明白了歷史要想讓學生愛聽，必須會講故事！《史記》《漢書》《三國志》的作者個個都是講故事的高手，裏面多對話、多心理活動、多細節描寫，使已經深埋地下、過去久遠的人和事一下變得活靈活現、生動有趣。讓我感到遺憾的是，我們的教科書太枯燥了，缺少故事性和趣味性，只有「三省六部」「九品中正」「重農抑商」「閉關鎖國」「百家爭鳴」「獨尊儒術」……靈動的歷史變成了一堆乾巴巴的名詞概念。學生們聽著這一堆抽象的概念，難免打瞌睡。

我有時候乘坐計程車，發現幾乎每一位司機都在聽評書，《三國演義》、《水滸傳》、《大明英烈》等。為什麼人們百聽不厭？因為它們講故事！所以，想讓中國人對祖宗曾經幹過的事、對祖宗的生產生活感興趣的唯一法子，就是給他們講祖宗的故事。

基於上述想法，我很想把華夏五千年的歷史以故事的形式詳盡地講給大家聽，這些故事取自傳統史書和史學大家的著述，可以看成是情節真實的評書。有人說我就是一個「說書的」，我很高興得到這個評價，願意繼續說下去，說好，說精彩！

幾年來，我雖然離開了《百家講壇》，但並沒有離開講臺。感謝曾為我製作《兩宋風雲》和《塞北三朝》的王詠琴老師，為我量身定製了一檔大型系列節目《騰飛五千年》，從三皇五帝一直講到清帝遜位，力爭把中國歷史做一個詳盡的講述。目前，這個節目還在錄製中。

我和我的製作團隊及投資方之所以篳路藍縷、苦心孤詣地要製作完成《騰飛五千年》，不惜投入血本，就是想用講故事的形式讓中國歷史為人廣泛知曉，重受重視。

在錄製《騰飛五千年》的時候，我們了解到很多觀眾對《塞北三朝》未能播出的兩部有很大的期盼，就依我當年在央視《百家講壇》的原稿重新錄製了一遍。經泰學（北京）文化傳媒有限公司聯繫，重新錄製的《塞北三朝》已在優酷網與觀眾見面。於是，也就有了呈現在您面前的這三本書。

《塞北三朝》能夠和大家見面，應該感謝李志峰先生的大力支持，作為製作投資方，他們不惜血本，以砸鍋賣鐵的精神投入製作，兩年多只投入不產出，個中艱辛非言語所能表達。感謝泰學（北京）文化傳媒有限公司執行董事牛博揚先生、總經理黑德侖先生，是他們使這個節目能重見天日。感謝學界前輩錢文忠先生不以拙作鄙陋，欣然為之作序。感謝國畫大師袁輝先生的青丹妙筆，感謝著名出版人敖然先生和他的團隊使拙作得以順利付梓。最後，還要特別感謝我的母親和妻子在我最困難的時候給予我的理解、支持和鼓勵！

謝謝大家！但願這套書能得到大家的喜歡。

袁騰飛

二〇一三年七月四日

大地叢書介紹

作者：袁騰飛
定價：320 元

遼（916年至1125年）又稱大契丹國是歷史上由契丹人所建立的一個封建王朝，西元916年契丹族首領耶律阿保機登基稱帝，國號「契丹」。定都臨潢府（今內蒙古赤峰市巴林左旗南波羅城）。936年南下中原，攻滅五代後晉之後改國號為「大遼」，983年改為「契丹」，1066年又改為「大遼」，直到1125年被金朝所滅為止。除了遼之外，契丹族尚建立相關國家。1122年天祚帝北逃夾山，耶律淳於遼南京（燕京）被擁立為帝，史稱北遼，北遼歷四帝國祚只有19個月，1123年11月滅亡。

遼全盛時期疆域東到日本海，西到阿爾泰山，北到額爾古納河，大興安嶺一帶，南到河北省南部白溝河。

遼滅亡後，耶律大石西遷到中亞楚河流域，1132年建立西遼，1211年西遼被屈出律篡位，1218年被蒙古帝國所滅。

大地叢書介紹

作者：袁騰飛
定價：320 元

金朝（西元1115年至1234年）是中國歷史上由女真族建立的一個王朝。女真族原為遼的藩屬，女真族首領金太祖完顏阿骨打在統一女真諸部後，西元1115年於會寧府（今哈爾濱市阿城區）建都立國，國號大金。金朝立國後，與北宋定「海上之盟」向遼朝宣戰，於西元1125年滅遼，然北宋兩次戰遼皆敗，金隨即撕毀與北宋之約，兩次南下中原，於西元1127年滅北宋。遷都中都（今北京）時，領有華北地區以及秦嶺、淮河以北的華中地區，使南宋、西夏與漠北塔塔兒、克烈等部落臣服而稱霸東亞。

金世宗與金章宗時期，金朝政治文化達到最高峰，然而在金章宗中後期逐漸走下坡。金軍的戰鬥力持續下降，即使統治者施以豐厚兵餉也無法遏止。女真族與漢族的關係也一直沒有能夠找到合適的道路。金帝完顏永濟與金宣宗時期，金朝受到北方新興大蒙古國的大舉南侵，內部也昏庸內鬥，河北、山東一帶民變不斷，最終被迫南遷汴京（今河南開封）。而後為了恢復勢力又與西夏、南宋交戰，彼此消耗實力。西元1234年，金朝在蒙古和南宋南北夾擊之下滅亡。

塞北三朝——西夏：講述你所不知道的党項 / 袁
　騰飛著. -- 一版.-- 臺北市：大地, 2014.06
　　面：　公分. --（History：67）

　　ISBN 978-986-5800-76-5（平裝）

　　1. 西夏史

625.3　　　　　　　　　　　　　　　　103008535

塞北三朝——西夏：講述你所不知道的党項

HISTORY 067

作　　者	袁騰飛
發 行 人	吳錫清
主　　編	陳玟玟
出 版 者	大地出版社
社　　址	114台北市內湖區瑞光路358巷38弄36號4樓之2
劃撥帳號	50031946（戶名　大地出版社有限公司）
電　　話	02-26277749
傳　　眞	02-26270895
E - mail	vastplai@ms45.hinet.net
網　　址	www.vastplain.com.tw
美術設計	普林特斯資訊股份有限公司
印 刷 者	普林特斯資訊股份有限公司
一版一刷	2014年6月

大地

定　　價：280元

本書原出版者為：電子工業出版社，中文簡體書名為《塞北三朝——西夏》。經由版權代理，中圖公司版權部，授權大地出版社在台灣地區獨家出版發行中文繁體版。